UNTO A FULL
GROWN MAN
A Theory of Life Education

唤醒与成全
广义生命教育论

张荣伟 / 著

上海社会科学院出版社

目 录

前言　唤醒与成全 …………………………………… 1

教育本体论

重新界说教育 …………………………………… 3
我的"学-思-行"教育主张 …………………………………… 6
"思学"与"思教"刍议 …………………………………… 12
"九思教育"的实践进路 …………………………………… 14
关于课堂安全的几点思考 …………………………………… 16

教育价值论

谁该为"服从文化"担罪责 …………………………………… 21
多元化时代亟须判断力教育 …………………………………… 26
"人性化教育"的多重价值意蕴 …………………………………… 40
试论"幸福教育"的可能意义 …………………………………… 47
关于"新人文教育"的若干思考 …………………………………… 56
举全村之力　育一个孩子 …………………………………… 59
校训何以成为学校文化之魂 …………………………………… 65

教育方法论

教育的三个层次：体、智、魂 …………………… 73
个体生命的存在形式及其教育学意义 …………… 77
个人生命力的基本结构及其教育学意义 ………… 96
我国基础教育阶段开展哲学教育的本体论意义 …… 113
论"教"与"学"的五种关系范型 …………………… 130
当一名好教师的四个要件 ………………………… 145
重申"教师是人类灵魂的工程师" ………………… 157
卑微的生存境遇与崇高的精神追求 ……………… 167

附录1　拓展生命的长宽高 …………………… 171

附录2　我们需要怎样的教育 ………………… 177

后记 ………………………………………………… 181

前　言

唤醒与成全

在人类教育思想的历史长河中,关于"教育是什么""什么是教育",可以找到各种各样的阐释和定义,其中有许多观点广为流传,诸如"教育即生活""教育即成长""教育即启蒙""教育即交往",不一而足。就我个人的看法而言,在"生命教育"这一特殊语境下,特别认同且经常表达的观点是:教育即唤醒,教育即成全。

但是,什么是生命教育?生命教育是什么?在我看来,"生命教育"与其上位概念"教育"一样,也具有广义和狭义之分。关于广义的生命教育,顾明远先生曾经说:教育的本质是生命教育。这样的话,"生命教育"与"教育"就成了具有"同一关系"的两个概念。需要注意的是,这只是教育本质意义上的应然表述与判断,现实中的"教育"不但不一定是"生命教育",还很有可能是"非生命教育"或"反生命教育",这种异化了的教育不但不能唤醒生命和成全生命,还有可能蒙蔽生命甚至残害生命,而这正是"生命化教育"的语境所在。事实上,古今中外所有的教育家都无一例外地思考过"如何助力生命发展"这个日常难题。这里的"助力"可以是一种"唤醒",也可以是一种"成全"。所谓狭义的生命教育,与"死亡教育""生死教育"的关系特别紧密,三者经常会被当作近义词甚至同义语使用,就其内容选择或课程设置而言,必然涉及生、老、病、死,以及安全、健康、幸福、自由等非常具体的人生话题。

当然,每个人,或者说每个教师,对于生命、教育和生命教育的可靠性认识,都需要经历由点到面、由浅入深的渐进过程。20世纪八九十年代,我在中学任教,自2000年以来,一直在福建师范大学工作。回望自己近40年的教师生涯,对于生命教育的专题研究,直到2003年才真正开始。更确切地说,我最初关注生命教育是在苏州大学攻读博士学位的时候。当时为了全面考察我国基础教育领域的重大实验、改革,从理论和实践两个层面对"生命教育""生命化教育"之于"生命·实践"教育学的特殊意义进行了梳理和辨析。相关成果,后来以《发展之中的中国八大教育学派》为题在《明日教育论坛》2006年第3期上发表。时隔6年之后,对于生命教育的进一步思考,起因于我2012年被选聘为教育学系主任。当时为了修订教育学和小学教育两个本科专业的培养方案,我带领几位年轻教师对面向师范生的生命教育进行了深入研究。也正是从那年开始,"生命教育"作为这两个专业的特色(选修)课程,开设至今。令人欣喜的是,这门课程于2023年5月获评为国家级一流本科课程。

或许,听过"生命教育"课的同学都记得,我经常会在课堂上提出下面这类连珠炮式的问题:

你何时、何地出生？你了解自己的家谱吗？你还记得10年前、20年前的自己吗？10年后、20年后，你的生活、工作会怎么样？你有写日记的习惯吗？你是几岁开始上学的？你最喜欢上什么课？你特别喜欢看什么书？你打算从什么时候开始写自传？你怎么看待人生至暗时刻？你去过产房吗？你参加过葬礼吗？你恐惧死亡吗？你怎么看待人体器官捐献？你怎么看待自杀？你进过多少寺庙或教堂？进过之后你会有什么感想？你怎么看待"精致的利己主义者"？你若拥有百万英镑，打算用来干什么？你是乐善好施、积极乐观的人吗？你的人生目标是什么？你今生会是一个幸福的人吗？为什么？

我之所以如此设问，主要目的是通过"头脑风暴"激发同学们对生命、对自我、对人生进行广泛而深入的思考，以便从哲学、教育学、心理学乃至医学、伦理学、宗教学等不同维度构建开阔的生命教育视野。事实上，我们开设生命教育课的初衷就是要在师范生的心里播下尊重生命、敬畏生命、热爱生命的"种子"，让每个学生对生命、生存、生活形成科学的认知，在生命起源、生命存在、生命发展等方面积累丰富多样的文化知识，进而对生命和生命教育形成正确的价值观和美好的情感态度。

自从开课以来，"生命教育"所秉持的核心价值观是：教育是一项成全生命的事业，教育学是一门成全生命的学问；教育必须成全人的体力，成全人的脑力，成全人的心力；教育必须面向人的身体，面向人的心智，面向人的灵魂。更确切地说，作为"生命教育"课程的负责人，我一直非常看重生命教育之要旨，因为它比较明确地表达了我的教育观和生命哲学：健全的灵魂寓于健全的心智和健全的身体之中；人之为人，其生命存在形式具有身体、心智和灵魂三个基本维度；从个体生命的存在自觉到教育活动的生命自觉，从人的全面发展到教育以人为本，生命教育的关键在于坚持"三个面向""三个适宜""三个成全"，即面向人的身体、适宜人的身体、成全人的身体，面向人的心智、适宜人的心智、成全人的心智，面向人的灵魂、适宜人的灵魂、成全人的灵魂。

"生命教育"作为国家级一流本科课程，就其特色和亮点而言，在于它具有显著的教师教育功能，而我们之所以重点面向师范生开设这门课程，是基于一个尚未引起高度重视的事实判断：长期以来，教师教育课程存在三个理论短板，无论是职前教师还是在职教师，在"身体哲学"(philosophy of body)、"心智哲学"(philosophy of mind)、"灵魂哲学"(philosophy of soul)三个方面知识匮乏。可以说，无论是教师教育者还是广大师范生，关于生命哲学的阅读、思考都明显不足，而这正是当下各级各类教育机构生命意识薄弱、生命教育效果不尽如人意的根源所在。因此，"生命教育"课程不仅要唤醒作为未来教师的师范生的生命意识，还要唤醒作为教师和教育者的生命意识，自觉地对生命和教育的本质及其逻辑关系进行探析。这里的生命意识至少包括安全意识、健康意识、发展意识、自由意识、时间意识、死亡意识。为了便于理解、记忆和教学，我将这6种意识整合为身体意识、心智意识、灵魂意识，以便帮助师范生从身体、心智、灵魂三个维度把握个体生命的存在形式及其教育学意义，为未来教师职业生涯奠定比较可靠的人学基础。

当前，关于生命哲学和生命教育的各类话语都比较重视人之为人的自然属性、社会属性和精神属性，基于自然生命、社会生命、精神生命的生命哲学和生命教育备受关注，也广为接受。从思想层面看，有什么样的生命观，就有什么样的教育观。从实践层面看，有什么样的生命观念、生命态度，就有什么样的生命教育、生命实践。相比较来看，目前关于人的自然属性的生命教育最为成熟，关于人的社会属性的生命教育不太成熟，关于人的精神属性的生命教育最不成熟。因此，在自觉推进心理健康教育的同时，积极探索心育、魂育和自我教育，成为"生命教育"课程的重要内容。

生命教育特别重视问题意识和怀疑精神，我们一直倡导的教学理念是：任何事情都不要想当然！不要害怕提问题！"生命教育"这门课程的"第一问"和"必答题"是：你用头脑指挥身体，但用什么指挥头脑？你用双眼观看世界，但用什么观看双眼？在我看来，"认识你自己"是生命哲学的根本问题，更是生命教育的根本目的。或者说，以生命哲学和生命教育为视角，所谓"认识你自己"，就是认识你自己的身体、认识你自己的心智、认识你自己的灵魂，进而走向个体生命存在的自觉状态。也正是在此语境下，可以说最好的教育是自我教育，或者说，教育的目的就是唤醒人的主体性，让每一个生命成为自己的主人，成为最好的自己。

当然，因为对象、内容、方法不同，生命教育具有多种层次和多种类型，但是，任何层次、任何类型的生命教育都必须认真解答"教什么"和"怎么教"这两个基本问题。对此，我们团队高度重视学科交叉融合和跨学科主题教学，在影视教学法、故事教学法、实践教学法等方面积累了较为丰富的经验。在影视教学法方面，我们编著了《电影教你当老师》《电影教你当父母》《万"影"师表》三本参考书。在故事教学法方面，我们特别强调在听、说、读、写四个方面加强训练，创造各种条件让师范生听生命故事、说生命故事、读生命故事、写生命故事。在实践教学法方面，我们积极引导师范生参加开学式、闭学式、升旗式、毕业典礼、婚礼、葬礼等校内外仪式活动，通过家庭、社会生活中或人生重要节点上的生命事件去感受生命、体验生命、认识生命。

最后有必要说明的是，本书以广义生命教育为视角选编了我个人近年来公开发表的20篇文章，尽管这些文章的篇幅、体例有所不同，有些文章的标题中并没有出现"生命"或"生命教育"等词语，但就其实际所论而言，都属于师范生"生命教育"课程不可回避的话题。另外，在本书附录部分，之所以选择《拓展生命的长宽高》（朱永新）、《我们需要怎样的教育》（克里希那穆提）这两篇短文，是因为它们对于进一步认识生命教育的问题指向和实践路径具有特别重要的参考作用。

教育本体论

- 重新界说教育
- 我的"学-思-行"教育主张
- "思学"与"思教"刍议
- "九思教育"的实践进路
- 关于课堂安全的几点思考

重新界说教育

教育是什么？什么是教育？仁者见仁，智者见智，中外教育思想史上有各种各样的定义和解答。基于30多年的教师生涯和理论研习，我认为，**教育是一种通过听、说、读、写、行、思，提高听、说、读、写、行、思等方面能力的交往活动。**

其一，教育是一种通过"听"提高倾听能力的交往活动。倾听不仅是对话和理解的前提，还是一种修养和智慧。听君一席话，胜读十年书。一个受过良好教育的人，一定是一个善于倾听的人。从胎教到家教，从学校到社会，从整个生命历程来看，个体接受教育的最初形式就是"听"。"风声雨声读书声声声入耳，家事国事天下事事事关心。"对于学生而言，只有自觉敞开心扉，养成"聆听窗外声音"的习惯，才可能不断进步。对于教师而言，只有精心设计"听"的形式和内容，呈现不同声音，提供更多更好的声音，才可能让学生听得真切、听得明白，感受到"听"的无限乐趣，从而学会倾听。

其二，教育是一种通过"说"提高说话能力的交往活动。说话是一个人日常交际、展示自我的重要手段。会说话有利于建立良好的人际关系，能够让事业插上腾飞的翅膀。俗话说：一句话让人笑，一句话让人跳。一个受过良好教育的人，一定是一个讲究说话艺术的人。说话能力不是天生的，需要长期练习才能形成。教师的基本职责在于，通过对话、诵读、研讨、辩论、演讲、讲故事等形式，使学生敢说、爱说、会说，从而形成终身受益的表达和沟通能力。就现行的学校教育而言，无论是母语课还是外语课，难得的是让学生主动说话、放声说话、说自己的话、说自信的话、说流利的话，不断提升个人的口头表达能力。

其三，教育是一种通过"读"提高阅读能力的交往活动。阅读既是个体经由视觉获取意义的认知活动，也是读者与作者之间的精神交流活动。

阅读的根本意义在于滋养心灵、丰富人生。对于学生而言，阅读就是读书，读书就是教育。苏霍姆林斯基说过："一个学校可以什么都没有，只要有为学生的精神成长而准备的书，那就是教育。"对于教师而言，所谓"教书"，其实就是筛选阅读材料，创设阅读情境，与学生分享阅读。朱永新先生说过，一个人的精神发育史就是一个人的阅读史，一个民族的精神境界取决于这个民族的阅读水平。可以断言，一个受过良好教育的人，一定是一个具有良好阅读习惯的人，一定是一个好读书、读好书、会读书的人。关于理想境界，陶渊明在《五柳先生传》中的说法是："好读书，不求甚解；每有会意，便欣然忘食。"

其四，教育是一种通过"写"提高写作能力的交往活动。写作是一种利用语言文字符号反映客观世界、表达思想情感、传递知识信息的创造性活动。写作能力是个人素质的综合体现，也是个人心智水平最雄辩的说明。在选拔人才时，中国自古重视写作能力，不管是汉代的贤良方正，还是隋朝开始的科举制度，大都"一篇文章定终身"。事实上，文章不仅是外在的一纸笔墨，而且是一个人的思想和胸襟，其中蕴含着作者的才情、志向、人格乃至命运，所谓"言为心声，文如其人"。但需要警醒的是，写作能力非一日之功，因教学方法不当，中小学生不会写作、不肯写作、害怕写作乃至拒斥写作的现象时有发生。目前，如何在听、说、读的基础上培养学生勤于动笔的习惯，成为非常现实而紧迫的教育难题。

其五，教育是一种通过"行"提高行动能力的交往活动。"行"是人存在和发展的前提，人的生命价值和意义只有通过"行"才能充分展现出来。荀子曰："不闻不若闻之，闻之不若见之，见之不若知之，知之不若行之。学至于行而止矣。"中国文化向来务实重行，主张学以致用。子曰："诵诗三百，授之以政，不达；使于四方，不能专对。虽多，亦奚以为？"反观当下的教育教学，往往没能处理好"知"和"行"的辩证关系，书本知识与个体经验脱节，学校生活与社会生活分离，学生的创新精神和实践能力明显不足。读万卷书,行万里路。"行"是目的也是手段,是最好的老师。行是知之始,知是行之成。这是陶行知"教学做合一"教育思想的内在逻辑,也是"学科实践""研学旅行""综合实践活动课程"的核心价值追求。

其六,教育是一种通过"思"提高思考能力的交往活动。听、说、读、写、行离不开思,思也离不开听、说、读、写、行。"学而不思则罔,思而不学则殆。"无论是孔子的"启发式"还是苏格拉底的"产婆术",抑或杜威的"反省思维",推崇的都是教育的"致思"境界。会思考成就了人的伟大,人的全部尊严在于会思考。雅斯贝尔斯在《什么是教育》中强调:"全部教育的关键在于选择完美的教育内容和尽可能使学生之'思'不误入歧途,而是导向事物的本原。"就教育的个体发展功能而言,其核心价值在于锤炼思维品质,而不是收集信息或堆积知识。正如爱因斯坦所言:"发展独立思考和独立判断的一般能力,应当始终放在首位,而不应当把获得专业知识放在首位。"

总之,听、说、读、写、行、思,作为建构人与自然、人与他人、人与社会、人与自我诸多关系的基本方式,具有存在论、认识论和发展论等多重生命意义。基于该认知框架的教育学说,不但连贯一致地回答了"培养什么人"和"怎么培养人"这两个基本问题,而且比较系统地阐释了当前教育中存在的突出问题,对于各级各类教育具有重要的理论参照价值。

我的"学-思-行"教育主张

自 2003 年任教本科生和研究生教育哲学课开始,尤其是从 2011 年参与福建省中小学名师、名校长培养工作以来,经常有学员(生)让我说一说自己的教育主张是什么。每当遇到这种请求时,我总是避重就轻,引介本人深刻认同的教育家的相关实践或著名观点来"搪塞",万不得已才会随机应变,"亮出"一个在特定语境下略显独特而比较个性化的语词、概念,对自己的教育理想或理想中的教育进行阐释和界说。我深知,对于绝大多数教育(理论)工作者而言,想在非常有限的时间内讲清个人教育主张,是一件非常不容易的事情。

但是,大量实例证明,引导乃至"逼迫"一线教师表达个人教育主张,能在相当程度上促进他们实践反思和专业成长。在福建省第一轮名师培养工程中,我担任"理论导师"之职,见证了"提炼"教育(教学)主张对于中小学教师专业发展的重要影响。2017 年 5 月,在总结以往经验的基础上,福建省教育厅正式启动了第二轮名师培养工程,我再次受聘为理论导师,因此,依然不断有学员希望我介绍一下个人教育主张,以便他们学习、参照。为了抛砖引玉,给广大名师培养对象提供一个示例,我撰写了《我的"学-思-行"教育主张》一文。

其实,我的"学-思-行"教育主张,最早在《重新界说教育》(《新教师》2013 年第 7—8 期)一文中,已有所表述,但今天看来,不够全面、深入和系统,也没有明显的"主张"味道。在那篇文章中,我将教育界定为:一种通过听、说、读、写、行、思,提高听、说、读、写、行、思能力的交往活动。文中提到,这种"新教育观"(简称"六力说")是经过长期教育实践和理论研习后的一种"个人感悟",其立论前提在于:听、说、读、写、行、思,作为建构人与自然、人与他人、人与社会、人与自我诸多关系的基本方式,具有认识论、发展论等多重教育意义。在该文中,我试图从生存论视角探讨言人人殊的教育本质问题,发表对于"培养什么人"和"怎么培养人"这两个原点问题的基本看法。

当然,经由《重新界说教育》一文所表达的"新教育观",并非无的放矢,更非毫无依据。它所面对的是当下教育实践中普遍存在的一系列具体问题,思想灵感却来自比较久远的"我思故我在"这句名言。在近代西方哲学中,人们对笛卡尔的"普遍怀疑论"并不陌生,但受该哲学主张启发,我更想从人的主体性角度阐发"我听故我在""我说故我在""我读故我在""我写故我在""我行故我在"的教育学意蕴。试想:人之为人,不管是谁,如果失去了听、说、读、写、行、思中的任何一种能力,会多么伤心难过?再想:人之为人,不管是谁,除听、说、读、写、行、思之外,还能利用什么方式认识自然、认识社会、认识他人、认识自我?还可以想:人之为人,不管是谁,如果耗时耗力接受了所谓的教育,却没有提升听、说、读、写、行、思能力,那有什么意义?岂不是浪费生命?正是基于以上见识,我坚定地认为:一个受过良好教育的人,一定是一个具有良好的听、说、读、写、行、思能力的人!——听、说、读、写、行、思,是人生在世的基本存在方式,也是人生在世的基本认知方式,更是人生在世应该不断发展的基本能力。

删繁就简三秋树,标新立异二月花。这里有必要重申的是,听、说、读、写、行都离不开思,思也离不开听、说、读、写、行。一方面,听、说、读、写、行,是思之载体和源泉:我因听而思,思接千里;我因说而思,思潮起伏;我因读而思,思如涌泉;我因写而思,思深忧远;我因行而思,思虑恂达。另一方面,思是听、说、读、写、行之向导和灵魂:无思之听,等于白听;无思之说,等于胡说;无思之读,等于没读;无思之写,等于乱写;无思之行,等于瞎行。一个人一旦停止了听、说、读、写、行,所思所想便成了无源之水、无本之木,而一旦失去了思的意识或能力,便与"机器人""植物人"乃至失去了生命的人没什么不同。由此可见,思乃人之为人最根本的存在方式,无思之人,其实就是行尸走肉、提线木偶。由此可以论定:教育必须面向人的思、适宜人的思、成全人的思——以培养勤思、爱思、善思的人为己任!

"日就月将,学有缉熙于光明。"近年来,在各种正式或非正式的教育对话中,我无数次追问过同一个问题:听、说、读、写、行、思这6种一般能力,如果被迫逐一剥夺,你最终要保留什么?绝大多数人回答:保留思!实话实说,这正是我所期待的答案。之所以如此设问,目的就在于测试思之于人的重要性,从而揭示教育缺"思"的严重后果。挺有意思的是,对于我的提问,也有少数人回答说,要保留行,还有极少数人要保留听、说、读、写4种能力中的某一种。特别值得深思的是,如果仅仅从听、说、读、写、行、思中剥夺一种能力的话,绝大多数人都愿意放弃写,话里话外,写反而成了一件令人"痛苦"的事情!正是在这种反反复复的问答、讨论过程中,听、说、读、写、行、思之间的逻辑关系问题,以及这6种能力究竟孰先孰后、孰轻孰重等问题,逐渐凸显了出来。为了自圆其说,避免"话语混乱",我必须对自鸣得意的教育"六力说"进行逻辑反思和意义重构!

少则得,多则惑。经过深思熟虑之后,我后来对原来的"新教育观"进行改造,将以听、说、读、写、行、思为视角的"六力说",简化为以学习力、思考力和行动力为视角的"三力说",把教育界定为:一种通过学、思、行来提高学、思、行能力的交往活动。显然,"三力说"依旧将教育视为一种交往活动,与"六力说"的不同之处仅在于,在保留"思"和"行"的基础上,用"学"替代了听、说、读、写,用"学习力"替代了听、说、读、写4种能力。这种"改造"和"替代"的逻辑前提在于:人的学习可以大致分为听、说、读、写4种形式,同时,这4个方面的能力大致构成了人的学习力。不难发现,"六力说"比较具体,但略显烦琐,"三力说"更为宽泛,但比较简约,而两者对于教育促进能力发展的认识,并没有本质上的不同。进一步来说,正因为"学-思-行"三字主张比"听-说-读-写-行-思"六字主张的概括性更强，所以从传播效应上来看，更易于理解、记忆和言说。"言近而旨远者，善言也；守约而施博者，善道也。"我凭借多年担任理论导师的经验发现，不少中小学名师在表述个人教育主张时，经常因为所选择的语词、概念过于具体、烦琐，而束缚乃至扰乱了整体思路和话语空间，进而影响了对相关论点的识记和解读。

大道至简，衍化至繁。从语言形式（包括文字数量）上看，与"听-说-读-写-行-思"六字主张相比，简约无疑是"学-思-行"教育主张的一大特色，但行文至此，后者之于前者的逻辑优越性和理论创新点何在，尚需进一步说明。

首先，所谓的"学-思-行"教育主张，不但没有否定、消解和改变"听-说-读-写-行-思"本来的教育学意义，而且涵盖、包容、拓展了它的理论解释框架。其实，正是在尝试用"学"替代"听-说-读-写"的过程中，我更加深刻地认识到，这不仅是"学"的最基本形式，而且是"思"的最基本形式，甚至可以解释为"行"的最基本形式。总体看来，一个人在这4个方面的能力，首先表现为学习力，其次表现为思考力，最后表现为行动力。可以说，一个不会学习的人，一定也是不会思考的人，而一个不会学习、不会思考的人，一定也是没有多少行动力的人。现实中，一个人如果在"听-说-读-写"方面出现短板的话，必然会影响"思"和"行"方面的进一步发展。由此可以论定：教育必须面向"听-说-读-写"、适宜"听-说-读-写"、成全"听-说-读-写"，以培养具有良好的听、说、读、写能力的人为己任！

其次，所谓的"学-思-行"教育主张，不但为解答听、说、读、写、行、思之间的逻辑关系问题，而且为探讨这6种能力究竟孰先孰后、孰轻孰重等问题，提供了新视角、新思路。尽管听、说、读、写、行、思都非常重要，但它们并非同一层面的东西，而这恰是采用"6－4＋1"之法（从"听-说-读-写-行-思"6项中，减去"听-说-读-写"4项，加上1项"学"）构建"学-思-行"教育主张的起因所在。就已有讨论来看，将"思"或者"行"视为人之为人最根本、最重要的两种存在方式,并没有什么争议。如前文所言,之所以少数人首选"行"而后选"思",理由是"思"和"行"相互依赖、相辅相成,难以剥离。事实上,听、说、读、写,既属于不同形式的"思",又属于不同形式的"行",而那些能听、能说、能读、能写的人,或者说,那些具备听、说、读、写任何一种能力的人,都算得上能思、能行的人。

毋庸置疑,在"学-思-行"教育主张中,把"听-说-读-写"当作了"学"的下位概念,凸显了"学"的重要地位,但有必要指出的是,这并没有遮蔽"听-说-读-写"的任何意义。严格来讲,"学-思-行"本身包含了"听-思-行""说-思-行""读-思-行""写-思-行"4种分解式。如果要对这4种分解式进行权重排序的话,则可以将"听-思-行"和"读-思-行"并列,将"说-思-行"和"写-思-行"并列,因为"听"和"读"可以简单地归结为"输入","说"和"写"可以简单地归结为"输出",而"思"是一个"加工"的过程,成为贯穿、联结"输入"与"输出"的主轴。

再次,所谓的"学-思-行"教育主张,不但重释、重估了"听-说-读-写"之于个人发展的基础性作用,而且重申、重构了学、思、行三者之间的并列与交叉关系。从形式上看,先用"学"替代"听-说-读-写",后用"学习力"替代"听-说-读-写"四方面能力,再用"学-思-行"替代"听-说-读-写-行-思",虽然文字数量"减少"了,但"新教育观"的概念系统和意义空间却"扩大"了。增加"学"和"学习力"这两个概念之后,不仅有助于考察"听-说-读-写"的整体意义,而且便于更为直观顺畅地把握"思"和"行"的前提条件和基本渠道。就"学"与"思"的关系而言,可参照《论语》之说:"学而不思则罔,思而不学则殆。"就"学"与"行"的关系而言,可参照《荀子》之说:"不闻不若闻之,闻之不若见之,见之不若知之,知之不若行之。学至于行而止矣。"就"学-思-行"的整体关系而言,可参照《中庸》之说:"博学之,审问之,慎思之,明辨之,笃行之。有弗学,学之弗能,弗措也;有弗问,问之弗知,弗措也;有弗思,思之弗得,弗措也;有弗辨,辨之弗明,弗措也;有弗行,行之弗笃,弗措也。人一能之,己百之;人十能之,己千之。果能此道矣,虽愚必明,虽柔必强。"

最后,所谓的"学-思-行"教育主张,不但与"听-说-读-写-行-思"教育主张并行不悖,可以相互阐释,而且便于回应当前教育中的重大难题。长期以来,我国基础教育乃至高等教育最突出的问题集中在学、思、行三个方面,即如何全面提升学生的学习力、思考力和行动力?其中,围绕"学习力"讨论最多的是"基础学力",围绕"思考力"讨论最多的是"高阶思维",围绕"行动力"讨论最多的是"自主创新"。但总体来看,无论是理论视角还是实践策略,都缺乏系统思维,往往只顾一点而不及其余。学校教育如何才能把学习、思考、行动统一起来?如何才能促进学习力、思考力、行动力的和谐发展?这正是"学-思-行"教育主张必须面对且要系统解答的难题。

目前,在"学-思-行"教育的理论框架中,可以从听、说、读、写方面探讨"基础学力",可以从独立思考、独立判断方面探讨"高阶思维",可以从问题意识、怀疑精神方面探讨"自主创新"。至于实践路径,"学-思-行"教育的落脚点可以是"学",也可以是"思"或"行",而最难得的是三者并进、互补、融合,因而特别重视设计教学法,积极探索综合实践、研学旅行、学科实践、STEM等活动课程。由此可见,"学-思-行"教育主张与近年来国家基础教育课程与教学改革所倡导的诸多理念和方案基本吻合。

总之,所谓的"学-思-行"教育主张,不但依然特别看重"听-说-读-写"之于个人存在与发展的根本价值,强调将人的发展与人的存在统一起来,而且更加自觉地遵循"知-情-意-行"促进有效教学的基本原则,注重加强学习者的责任感培养和意志力训练。因此,所谓的"学-思-行"教育主张,所要培养的是善于听、说、读、写的人,而总体上是善于学习、思考和行动的人。那些善于学习、思考和行动的人,是思行合一、言行一致的人。他们不仅拥有比较丰富的书本知识,而且具有担当意识和奉献精神,能够积极主动地投入社会生活和创新实践中去。

"思学"与"思教"刍议

所谓"思学",即"思考之学",关于"思考"的学问——关于"思考"的一般理论。所谓"思教",即"思考之教",指向"思考"的教育——以培养"思考"能力为旨趣的各种活动。

培养和提升思考能力,本是教育的一项重要职能,却常常被很多教育者忽视,以致被置于很不起眼的位置。如何才能让广大教育工作者认识到"思教"的重要性?或许,根本出路就在于揭示当前"思教"存在的各种问题及其危害,进而自觉地探索"思学"的核心思想及其实践意义。总体来看,思学,作为关于思考的一般理论,至少要回答三个方面的问题:谁在思考?思考什么?怎么思考?其中,谁在思考,关涉思考的主体;思考什么,关涉思考的对象;怎么思考,关涉思考的方法。

人的大脑常常被视为身体的司令部、理智的栖居地。当然,人的认识活动,离不开大脑,但是,大脑绝不是个人认识活动的独立工具。人的认识活动,不仅需要大脑的参与和调控,还需要身体很多部位的配合和参与。人的认识活动是一项系统工程,既有其内因的活动,也有其外显的活动,两种活动相互依赖、相互促进,有机统一。当我们在强调大脑思维功能的重要作用时,不可忽视身体参与思维、影响思维的实际效应,不可忽视身体状态对于大脑活动的整体制约作用。人的认识活动并非静态的、内在的"脑部游戏",而是动态的、可视的"全身心游戏"。用脑而不用身,或者用身而不用脑,都不可能真正接近认识的对象,都不可能发现认识对象的本质。

早在2500年以前,爱利亚学派的代表人物巴门尼德就在《残篇》中表达过对于"理智之路"和"感官之路"的总体态度:"不要遵循大家所习惯的感官之路,以你茫然的眼睛、轰鸣的耳朵以及舌头为准绳,而要用你的理智来解决纷争的辩论。你只剩下一条道路可以放胆前进。"①在巴门尼德来看,用脑的、理智的认识活动,与用身的、感官的认识活动有根本区别,其中,前者注重的是理性抽象和逻辑思维,后者依赖的是人的身体感觉和本能反应;前者可以通向本质和真理,而后者会带来混乱和错觉,将相关认识带入歧途。

在西方哲学家中,柏拉图最早对人体结构及其功能进行了剖析。在他来看,人的各种行为深受身体不同部位的影响,身体的不同部位决定着人的欲望、情感和理智。"欲望的位置在腰部;它是能量、从根本上说是性欲能量迸发的储备基地。情感的位置在血液循环的心脏;它是经验和欲望的有机的共鸣。理智的位置在大脑;它是欲望的眼睛,能做灵魂的向导。"②尽管柏拉图的人体功能(结构)论具有明显的机械性、片面性,与现代生理学、心理学不符,却为后来的相关研究打开了比较宏观的视野。人们越来越清晰地认识到,认识活动是一种整体性和系统性的身体行为,绝不可能是身体某一部分的自行运作。"没有人的整体性身体及活动,就没有人类的一切认知和文明。"③

总之,探讨人体结构及其功能,不能不探讨人的心智结构及其功能,心智结构及其功能是人体结构及其功能的重要组成部分。而在此基础上,有待进一步探讨的是人的精神结构及其功能,相关话题必然涉及精神生命、精神现象、精神哲学等诸多领域。

---

① 北京大学哲学系外国哲学史教研室编译:《古希腊罗马哲学》,商务印书馆1961年版,第50—51页。
② 〔美〕威尔·杜兰特:《哲学的故事》,金发燊译,生活·读书·新知三联书店1997年版,第37页。
③ 张之沧、张禹:《身体认知论》,人民出版社2014年版,第6页。

"九思教育"的实践进路

"九思教育"是我在福州市金城小学推动的一项教改实验,旨在构筑"九思"文化,塑造君子人格,培养勤于思考、善于思考的人。其中的"九思"出自《论语·季氏》,子曰:"君子有九思:视思明,听思聪,色思温,貌思恭,言思忠,事思敬,疑思问,忿思难,见得思义。"

我之所以根据"君子有九思"而倡导"九思教育",是因为当下各级各类教育中的"缺思"(缺乏思考)现象非常严重,不管是"学"与"思",还是"思"与"行",都没能很好地统一起来。在我来看,如果用现代教育理念来解读的话,孔子所说的"九思"与"九会"基本对应,且可简约地表述为:

视思明——学会观察;听思聪——学会倾听;色思温——学会微笑;

貌思恭——学会行礼;言思忠——学会表达;事思敬——学会担当;

疑思问——学会探究;忿思难——学会克制;见得思义——学会取舍。

这种从"九思"到"九会"的教育理念,与金城小学"思行合一"的办学理念非常契合,如果能够落实到课程和教学上的话,一定会对学生良好思维品质和健全人格的形成产生积极作用。为此,我于2014年9月专门组建了"九思"文化研究团队,成立了"九思"文化研播中心,开展了以"九思教育"为专题的行动研究。

首先,我们对金城小学的办学理念进行了具体化阐释,明确指出,"九思教育"所培养的是"有思想的行动者"和"有行动的思想者"。在此基础上,我们以"三风"为视角,对办学愿景进行了定位:将校风定位在"博学、审问、慎思、明辨、笃行",简称"学、问、思、辨、行";将教风定位在"道而弗牵、强而弗抑、开而弗达",简称"三弗"——弗牵、弗抑、弗达;将学风定位在"好学近智、力行近仁、知耻近勇",简称"三近"——近智、近仁、近勇。

其次,我们根据学校实情,分五步对"九思教育"课程进行了整体规划。第一步是主题选择,协助实验教师对"九思""九会"中的每一"思"每一"会"的价值、意义进行总体反思和评估。第二步是主题阅读,协助实验教师围绕个人深刻认同的某"思"某"会"检索、收集名言和美文。第三步是主题活动,协助实验教师结合学科教学或班会课、队会课,开展以"九思""九会"为取向的综合实践活动。第四步是主题展示,协助实验教师互相学习、取长补短,通过榜样示范发挥引领作用。第五步是主题反思,鼓励实验教师及时汇总各类过程性资料,并向课题组汇报遇到的各种疑难问题。

最后,针对实验过程中发现的各种问题,我们"九思"团队经常在分类研究的基础上,带着自行设计的活动方案进入校园,走进课堂,与相关学科教师对接,组织灵活多样的协同教学活动。不仅如此,为了便于成果展示、资料收藏和课题研讨,我们还在"九思学堂"建设、《九思学刊》创办等方面为学校提供比较系统的理论支持和较为完备的实验方案。一分耕耘,一分收获。经过10多年探索,"九思"文化现已在金城小学落地生根、开花结果,一所根植于中华优秀传统文化的"九思"型学校焕发出勃勃生机。

关于课堂安全的几点思考

课堂是学校教育不可或缺的重要场所,学校的各项任务和目标主要通过课堂教学得以完成。事实上,学校教育质量的诸多弊端与困惑,都可能在课堂中找到症结。关于课堂安全和安全课堂的讨论,无法越过以下三个问题:

问题一,何为课堂安全,它包括哪些要素?

课堂是学校开展教育教学活动的最重要场所,课堂安全是学校安全最重要的组成部分。毋庸置疑,课堂安全至少包括师生的身体安全和心理安全两个方面。但在日常话语中,课堂安全很少探讨教师的安全问题,主要围绕课堂教学设备和学生上课时的生理和心理状况这两个话题展开。

就目前我国中小学课堂实际来看,除要为学生人身安全提供基本保障外,在更高层次上,课堂安全还必须加以关注的问题是:如何为学生的良好学习和健康成长创设一种民主、平等、安全、愉悦的课堂氛围,如何摆脱知识本位、社会本位、教师本位等传统的教学模式,充分展现课堂的生命性、生活性和趣味性,让学生真正拥有一种轻松、活泼、自由的学习体验,真正享受到学习、成长的快乐和幸福。

问题二,为什么要强调课堂安全?

因为尚有不少教育管理者和一线教师缺乏课堂安全意识,尚有不少学校的教育教学环境中存在着安全隐患,尚有不少学生在学习过程中没有安全保障,缺乏安全感,甚至在课堂上遭受多种多样的伤害。最常见的就是,有些学校因重视不够,管理不到位,课堂上发生了一些意外事故,给一些学生及其家人造成了持久的乃至一生的痛苦。那些直接危害学生生命健康的事件必然引起家庭、社会的广泛关注,所有学校当然应该将其作为头等大事来抓。

但除此之外，需要特别注意的是，现实中的课堂可能是愉悦、欢快、安全的，但也可能是沉默、紧张、恐慌或掺杂着体罚和暴力的。不得不承认，在任何学校的任何班级中，都会有一些学生出于语言能力、想象能力、感受能力、理解能力或个人学习方法和努力程度方面的原因而落后于其他同学。这些学生常常成为课堂中的弱势群体，被边缘化、被冷漠、被呵斥、被嘲讽的现象并不罕见。

在我来看，无论一节课传授的知识多么多、多么快、多么高效，如果有学生出于成绩不理想或个性方面的一些原因，而处于一种尴尬、羞愧甚至压抑（迫）的学习状态中，如果有学生面对老师提问时面红耳赤、语无伦次、低头不语，或者回答问题时如履薄冰、战战兢兢，那么，这样的课堂绝对算不上安全课堂。

问题三，如何营造安全的课堂氛围？

营造安全的课堂氛围，应该从保护学生的身体安全和精神自由两个维度展开。其中，学生的身体安全与课堂教学的物理环境和教学设备有关，学生的精神自由与课堂教学的文化情境尤其是教师的教学水平和教育理念有关。

首先，语文、数学、外语这些学科需要安静敞亮的教室，物理、化学、生物这些学科需要安全可靠的实验设备，体育课需要合宜的场地和安全的运动器材，因而相关硬件的配套完善无疑是保证课堂安全的重要条件。

其次，各个学科的老师都应该认真备课，对教学过程中的各种不安全因素有充分的预见和防备，做到心中有数，防患于未然。

再次，学生的精神自由离不开民主、平等的师生关系，离不开真诚、和谐、开放的课堂文化，而这一切都需要建立在科学的知识观和儿童观之上。可以说，一个以书本为中心、个人权威至上，不能遵循儿童身心发展规律开展教学活动的教师，根本不可能为学生的健康成长创设出安全的文化氛围和课堂情境。

最后，没有安全课堂就没有安全教育，只有充分认识到课堂的时间长度、意义深度和精神高度，其内涵和价值才可能真正得以拓展和建构。教育是一项需要深思熟虑的事业，甚至可以说是一项危险的事业，一不小心就可能留下终身遗憾。那些教学水平低下、教育理念陈旧，甚至职业道德有问题的教师，其教学态度、教学方法、教学内容等各个方面，都可能影响到学生的正常发展，因而都应该成为课堂安全检查的重要内容。

教育价值论

- 谁该为"服从文化"担罪责
- 多元化时代亟须判断力教育
- "人性化教育"的多重价值意蕴
- 试论"幸福教育"的可能意义
- 关于"新人文教育"的若干思考
- 举全村之力　育一个孩子
- 校训何以成为学校文化之魂

谁该为"服从文化"担罪责

2014年4月16日,一艘载有470多人的韩国"岁月号(SEWOL)"客轮在从仁川驶往济州岛的途中因发生浸水事故而沉没。搜救工作前后进行了20多天,事故真相和诸多细节最终并没有公开,但人们不得不面对的残酷事实是,仅有174人生还,确认262人遇难。最让人揪心的是,在遇难和失踪的300多人中,80%以上是十六七岁的中学生,他们在事故发生期间听从船方指示,原地不动在舱内待命,后来在惊恐和绝望中与客轮一同沉没。然而在此之前,多艘救援船只已抵达出事海域,那些已经穿好救生衣而本有机会逃生的孩子,因为遵守指令"原地勿动"而再也见不到自己的亲人,再也不能回到美丽的校园了。

据韩国《中央日报》报道,当时只要跳船就能获救,可危急关头鲜有人跳,那些没听到指令或者无视指令的人,包括一些私自到甲板上抽烟的淘气的学生,反而得救了。

导致"岁月号"出事的根本原因是什么?是船体本身问题还是超载或驾驶经验问题?在事故发生乃至疏散和救援的整个过程中,究竟哪个环节出了问题?出了什么性质的问题?究竟是谁的责任?需要审查和反省的问题实在太多了。但是,不管有多少问题,也不管是谁的责任,无法绕过且必须正视的惨象是:那些"不听话"的孩子得救回来了,那些"听话"的孩子却沉海丧命了。当时,除韩国媒体外,社会各界开始了以"服从文化"为议题的反思与批评。有不少人认为,"服从文化"是导致悲剧的"帮凶",因为在长幼尊卑观念根深蒂固的韩国社会,来自上级和权威人物的要求往往不受反驳和质疑。

"服从文化"本身之恶是毋庸置疑的,但将其和"岁月号"事故联系在一起进行反思和批评时,必须特别严肃和谨慎。因为仅仅浮于愤怒、惊叹或惋惜层面的议论,很可能成为逃避问题甚至推脱罪责的托词和理由,那是对逝者最大的不敬。设身处地想一想，在千钧一发、生死攸关之际，"动"还是"不动"？"跳"还是"不跳"？"服从"还是"不从"？对这些问题的判断和选择，绝对没有事后想象的那么简单容易。我们难以还原事件的整个过程，也难以弄清每个遇难孩子当时的具体处境。据报道，从"岁月号"船舱里打捞出来的学生遗体，大都指骨折断，可见他们曾经为逃生做过怎样的努力。在这个世界上，最珍贵的莫过于人的尊严和人的生命。孩子们已经用生命为所谓的"服从文化"埋单，难道还要他们为"服从文化"担罪责？请不要轻易地将错误推到孩子们的头上，就其根本而言，他们并没有错，因为在海难发生时听从专业人员指挥是国际通行的惯例，更何况广播一直要求"原地勿动（等待指示）"。如果一定要说孩子们有什么错的话，那也只能说他们错在对于那些无知无能且道德沦丧的所谓权威人物的轻信和盲从。

"岁月号"事故可以说与所谓的"服从文化"有关，也可以说无关。对于那些"听话"的孩子，可以说有错，也可以说没错。关键在于站在什么样的立场上评判，关键在于能否洞察"服从文化"的本质和根源并对每一个生命怀有敬畏之心，而最重要的是弄清楚谁该为所谓的"服从文化"担罪责。是的，"听话"的孩子送命了，"不听话"的孩子回来了。但必须承认，在信息几乎封闭的危急时刻，对于那样一群年少的孩子而言，"动"或者"不动"，"跳"或者"不跳"，"服从"或者"不从"，往往只是一念之差，即使是成人也可能选择"服从"，因而根本无法做"正确"或是"错误"这样非此即彼的断定。其实，当时最重要的不是服从或者不从的问题，而是有没有明确的自我保护意识，有没有时间去观察、思考和判断的问题。如果能来得及给这些孩子留言或建议的话，也只能说：自己的生命自己守护，自己的头脑自己做主！而让人心碎的是，我们今天就是重复千遍万遍，也不可能唤回那些逝去的生命。

站在"服从文化"之中反思"服从文化"，必然是一个艰难痛苦的过程。"岁月号"事故后，有不少父母和老师在追问：孩子到底要不要听大人的话？孩子究竟是听话好还是不听话好？以后遇事（特别是紧急情况）还要不要服从权威的指引？诸如此类的问题，似乎很现实很真诚，也似乎很深刻很到位，但恰恰暴露了一些父母和老师对于"听话""服从""权威"这些教育根本问题的无知和困惑。就其特质而言，反思"服从文化"的过程应该是一个寻找自我和认识他人的过程。就个人尊严和生命主体性而言，不管是服从还是不从，两者都应该是个人自主选择的意向性行为，都应该是自主、自愿的自由行动。你可以从众，也可以与众不同，但都应该有一个信息加工和逻辑推理的过程。凡事听从于自己的内心，但观察和思考必不可少。你相信自己，就按自己的想法去做。你相信别人，就照别人的意思去行。但是，无论相信自己还是相信别人，都应该有自己的根据和理由。这样的话，无论之后出现什么情况，得或者失，成或者败，都是自己应得的结果。这样的结果，无论悲或者喜，荣或者辱，都与他人无关，都应该坦然面对——自作自受。其实，无论是谁，一生中都会有困惑不解或左右为难的时候。此时，除积极思考和勇于探索外，最好的办法就是向那些阅历更丰富、专业水平更高的权威人士请教，听听他们的建议。

　　这里需要说明的是，所谓的权威人士，可能是上级、长辈，也可能是平级、平辈，还可能是下级、晚辈。就其本质而言，权威只与事实和真理有关，而与任何权力或地位没有必然的联系。尊重权威是一种智慧，盲从权威显得愚蠢，屈从权威则因为怯弱或自卑。可以说，只有认识到独立思考和自我负责的重要性，才可能全面解读"岁月号"事故中的特殊现象，才会发现那些没听从指令包括在甲板上抽烟的学生只是万幸罢了，才会更理性地看待那些无视指令的人，才会意识到其中有人可能是清醒自觉的行动，有人也可能稀里糊涂，并没有自己的思考和判断。权威就是权威，就像有人知法犯法但不能由此就否定法律一样，发生海难、空难等重大事故时听从权威指示这一惯例，绝不会因为"岁月号"事故而被否定或推翻。这次事故最深刻的教训在于，没有绝对的权威。反思"服从文化"，并不是要否定权威、打倒权威，也不是要有意与权威作对，因为自以为是或自作主张而后悔莫及的事例比比皆是，无须赘述。

只有在充分认同个人尊严和生命主体性的前提下，只有在民主平等的文化环境中，服从或者不从才可能成为自主、自愿的自由行动，自己对自己负责才可能作为个人行为的基本尺度。悲哀的是，在现实社会中，无论是服从还是不从，往往都不是自主、自愿的自由行动。服从往往是被迫的"屈从"，不从则往往被视为"恶行"。在轻慢或否认个人尊严和生命主体性的等级社会中，尤其如此。正如弗洛姆在《作为一种心理学和道德学问题的不从》一文中所说的那样："无数个世纪以来，无数的国王、神父、封建主、工厂主以及父母们都坚持认为，服从是一种美德，而不从则是一种恶行。"在"服从文化"占主导地位的社会中，很多时候不从也得从，人人都需要学会听话和服从，否则就有"作恶"或"犯上"的可能。文化是一种价值观念，更是一种思维方式和行为习惯，它渗透于个人和社会生活的方方面面。文化的影响力无处不在，小到个人的言谈举止，大到国家的政治、经济、法律制度。在"服从文化"中生活的人，往往耳濡目染中不知不觉就适应了听话和服从，至于怀疑、批评和反抗等维护个人价值的主体意识，则因长期受到压制而无从谈起。更糟糕的是，有什么样的文化就有什么样的教育，与"服从文化"相适应的教育必然是"服从教育"或者"听话教育"，也就是鲁迅在《从孩子的照相说起》中所描绘的"驯良教育"。这种教育所强调的就是在家服从父母，到校服从老师，工作服从领导。先是唯书、唯师、唯上，进而唯命是从，这是"听话教育"的典型特征，也是"服从文化"得以传承的保证。

就其本质而言，"服从文化"是一种专制文化、欺骗的文化，是一种阳奉阴违的成人文化，其根本缺陷在于生命意识和责任意识的严重缺失，其罪责在于无视人的尊严和生命的价值。"服从文化"在"岁月号"事故中的直接表现就是，这边要求学生原地勿动，那边船长和船员弃船逃生。针对

"岁月号"事故,《南华早报》借专家之口说:"在那种非同寻常的险境下,任何文化背景的孩子都可能听从指令,但韩国青少年尤其可能会那么做,因为他们非常习惯于按照规定去做事和思考。"美国有线电视新闻网的评价是:"对于儿童和学生,这种文化所奖励的就是服从。所以当成人让他们原地勿动的时候,他们当然不会动。"《达拉斯晨报》说:"你懂得,如果当时载的是美国学生的话,他们肯定会千方百计离开客轮。但在亚洲文化当中,服从那是必须的。"英国路透社的说法是:"许多孩子从来不会质疑长辈,这在等级森严的韩国社会是司空见惯的事情,他们为他们的服从付出了生命代价。"诸如此类算是站在"服从文化"之外的反思与批评,尽管带有一定的主观色彩,却振聋发聩、发人深省。毕竟,在信息发达的网络时代,不管你接受不接受,承认不承认,很多问题都很难再掩盖或逃避。正如《洛杉矶时报》所说的那样,"岁月号"将教导年轻人要尊重和服从长辈的"服从文化"放到了聚光灯下。

服从不一定是美德,不从不一定是罪恶。必须承认,那些身处"服从文化"和"服从教育"中的孩子,和那些被困于"岁月号"客轮上的孩子一样危险。值得一提的是,不管"岁月号"事故和"服从文化"之间有多大关联,韩国媒体能够将这一话题拿出来公开讨论,确实表现出了民众的文化自觉和自我革新的勇气。据《北京晨报》2014年5月6日报道,时任韩国总统朴槿惠在与"岁月号"客轮部分失踪乘客家属会面时说,从事故发生到善后处理,她感到"无尽的责任",承诺将严惩事故相关责任人,包括未能履行职责的政府官员,"任何对事故负有责任以及犯有刑事罪行的人,都会受到严厉惩罚"。

逝者已矣,生者如斯。我们只能默默祈祷,愿每个逝去的灵魂得到安息,但永远也不会忘记遇难学生手机视频中那最后的留言:

"轮船正在下沉,快救救我们!"

"我要是能活下来多好啊,爸爸妈妈,我爱你们!"

多元化时代亟须判断力教育

在一个价值多元、道德多元、文化多元的大变革时代,"判断力教育"势在必行。多元化时代的"判断力教育"有三大问题有待阐释,分别为"什么是判断力教育""为什么提倡判断力教育"和"怎么开展判断力教育"。从哲学的角度对"判断力教育"的现实状况进行反思和批判,具有非常重要的理论意义和实践价值。

一、判断力教育指向幸福人生

一般认为,教育具有促进个体个性化和个体社会化两大基本功能。但从根本上看,无论是个体个性化还是个体社会化,都不可忽视个体判断力的不断提升。否则,其思想和人格的独立性、完整性以及参与社会生活的应变能力,必然大打折扣。现实中,一个判断力发育不健全的人,一个跟着感觉走、没有自我约束和自我超越意识的人,在各种交往实践中都会困难重重。一个人的判断力直接决定着一个人的行为结果和日常生活的幸福指数。可以说,没有可靠的判断力,便没有幸福、可靠的人生。

一个人的判断力即一个人的思考能力和推理能力,理智和理性。一个人"知-情-意-行"的逻辑一致性,标志着一个人的判断力水平。一个人的判断力决定着一个人的认识路线和认识结果。柏拉图的"洞喻"和培根的"四假象说"都在告诫人们,个体的认识能力总是有限度的,其精神和心灵时常会遭遇内在和外在的种种困惑。在此语境下,"判断力教育"便成为一种擦亮眼睛、驱逐黑暗,朝向真、善、美的强心益智活动。

判天地之美,析万物之理。"判断力教育"(education of judgment)崇尚质疑、辩驳和探究,在相当程度上表现为以提升个体认识能力为旨趣的"理性教育",而非简单、肤浅、盲目的"情感教育"。不懂事理,则不懂情感。

一无所知的人,也一无所爱。"判断力教育"所认同的"情感教育",建立在完备的理性基础之上,它反对模仿,反对顺从于欲望或习俗的"非(反)理性教育",它重视道德感、美感和理智感的融合,追求感性和理性的统一。

二、判断力教育重视知识习得

可靠的判断力总是建立在比较充分、完备(善)的知识基础之上。"知之为知之,不知为不知,是知也。"(《论语·为政》)而之所以说"知识就是力量",一个很重要的根据就是储备知识可以提升人的判断力。兵家孙武说得好:"知己知彼,百战不殆;不知彼而知己,一胜一负;不知彼不知己,每战必殆。"(《孙子·谋政篇》)

根据唯物主义认识论,一切比较完备(善)的知识都需经由两个阶段才能形成:第一阶段是感性知识,第二阶段是理性知识,理性知识是感性知识的高级发展阶段。当然,主体在运用理性知识进行判断的具体过程中,理性和感性是交错互动的,两者没有清晰的界限,并非泾渭分明。

知识即美德,无知即罪恶。无知者无畏,无知者的行动常常是可怕的行动。与任何真正的教育一样,"判断力教育"不仅从不拒绝或轻视"传授知识",而且特别看重学生对于真理原则、价值尺度的全面占有、深刻领悟和灵活运用。当然,亲身经历和主观感受向来优先于抽象的知识概念,好的教育应该遵循个体知识增长的自然进程,循序渐进地培养受教育者观察、思考和行动的能力,而不是把现成的思想观念、行为模式强塞进他们的脑袋。

三、判断力教育提倡自主学习

一个人的判断能力即一个人的选择能力。从生到死,人生就是一个不断选择的过程。现实生活中，儿童的选择意识和选择能力往往没有得到重视。很多父母喜欢替孩子选择，很多教师喜欢直接告诉学生答案。在他们来看，成人总是比儿童更有经验、更聪明，这样做可以节省时间、少走弯路、避免错误。岂不知，一直处于他人"包办"中的儿童永远"长不大"，甚至"不愿长大"，直至失去个体发展的自觉性和能动性。

事实上，接受或者拒绝，服从或者不从，儿童在成长的过程中总会有许多自己的想法和做法。真正有智慧的教育者不是简单地给出"是"或者"不是"以及"对"或者"不对"之类的判断标准，而是与儿童一道耐心地考察各种想法和做法的合理性、合法性和可行性。儿童只有在自主思考和自主选择的过程中才能学会思考和选择，只有在实际参与和实际操作的过程中才能掌握做事的方法和技巧。"解放儿童"的根本意义正在于此。

父母教孩子走路的目的在于孩子能够独立行走，教师教学生学习的目的在于学生能够自主学习。"判断力教育"的一个重要目的在于让受教育者越来越不需要教育者，最后能够从容地、独立自主地面对生活。为此，我们特别欣赏《教师座右铭》中的两句格言：

1. The object of teaching a child is to enable him to get along without his teacher.

2. A good teacher is one who makes himself progressively unnecessary.[①]

这两句话大同小异，非常深刻地揭示了"教是为了不教"这一教育真谛，与老子"授人以鱼，不如授人以渔"的教育理念异曲同工、不谋而合。

因此，"判断力教育"特别主张自主学习和自主发展。"未来的学校必须把教育的对象变成自己教育自己的主体。受教育的人必须成为教育他自己的人；别人的教育必须成为这个人自己的教育。这种个人同他自己

---

① Randy Howe, *The Quotable Teacher*, Lyons Press 2006, p.105.

关系的根本转变,是今后几十年内科学与技术革命中教育所面临的最困难的一个问题。"①一个人主体性的生成过程与一个人判断力的成熟过程是一致的。我们有理由相信,自我教育和自主学习理念会在越来越多的幼儿园、中小学和大学校园里生根、发芽、开花、结果。

四、判断力教育鼓励独立思考

一个人的判断力关涉其洞察力、理解力、鉴赏力等多个方面,而其中任何一种能力都不是自然而然成长起来的,必须经过自觉的训练和培养才能逐步完善和健全。由低级到高级,一个人的判断力发展会呈现出明显的顺序性和阶段性。认识不到这一点,我们的家庭生活和学校课程在培养儿童的判断力方面,很难走向理性和自觉。

一个人的判断力即一个人的思维能力。一个人的思维能力和思维水平取决于一个人的思维态度、思维方式和思维习惯。尊重儿童的好奇心、想象力和探究意识,培养其良好的思维态度、思维方式和思维习惯,是"判断力教育"的核心内容。在这方面,美国教育家杜威在《我们怎样思维》(*How We Think*)中关于反省思维(reflective thinking)与教学之关系的探讨,对于我们开展"判断力教育"具有重要的参照价值。

大量实践证明,一个人的思维态度、思维方式和思维习惯,与其个人的成长环境和实际经验息息相关。我们每一位父亲或母亲,每一位有良知的教育工作者,是不是应该认真反思:究竟是什么原因,究竟是怎样的学习和生存境遇,让我们的孩子丧失了"自己的看法"和起码的判断力?

---

① 联合国教科文组织国际教育发展委员会:《学会生存:教育世界的今天和明天》,华东师范大学比较教育研究所译,教育科学出版社1996年版,第200页。

五、判断力教育强调生活反思

陶行知在探讨以培养"生活力"为指向的生活教育时,将生活划分为健康的生活、劳动的生活、科学的生活、艺术的生活和社会改造的生活等不同形态,并指出如果将这5种生活进行细分,有3 000种以上的生活力,因而有3 000种以上的生活力需要培养。在我来看,不论有多少种生活和生活力,没有判断力支撑的生活是不可思议的。

很多时候,生活即反思、判断和选择。正因为生活的复杂性、多样性和不确定性,判断力才显得极其重要。从服务于个体生活的角度看,"判断力教育"常常表征为习惯培养、人格塑造或自我修炼,而"慎独"一直是广受推崇的修身之道。"人之视己,如见其肺肝然,则何益矣。此谓诚于中,形于外。故君子必慎其独也。"(《礼记·大学》)

一个人的判断力是其生活反思能力的核心所在。就现有的理论资源而言,基于生活的"判断力教育",需要充分吸收康德"三大批判"的合理思想,因为迄今为止,尚未出现比这更为系统深刻的"判断力学说"。在康德看来,判断力即把特殊归摄于普遍之下的思考能力。其中,如果普遍的东西(规则、原则、规律)被给予了,那么把特殊归摄于它们之下的那个判断力就是规定性的;如果只有特殊被给予了,判断力必须为此去寻求普遍,那么这种判断力就是反思性的。[①] 真正理智而值得过的生活,既需要做"规定性判断",也需要做"反思性判断";既需要做审美性判断,也需要做目的性判断。

[①] 〔德〕伊曼努尔·康德:《判断力批判》,邓晓芒译,人民出版社2002年版,第13—14页。

六、判断力教育挑战陈规陋习

人作为一种文化的动物,总是生活在由宗教、习俗、道德、法律等多种制度规约的环境之中。在现代社会,道德规范和法律条文是日常生活和人际交往的两个基本尺度。"在一个组织良好的社会中,最重要、最必要的社会行为规则通常是由法律强制实行的,那些在重要程度上稍轻的规则是由实证道德来维系的。法律仿佛构成社会秩序的骨架,道德则给了它血与肉。"[1]然而,这是否意味着现代人只需要依照现成的规范、条文行事而无须反省、判断和选择了呢?答案显然是否定的。现代人面临的冲突、困惑、迷惘比以往任何时代都多得多。除个人境遇的特殊、复杂外,道德规范本身的相对性、多元性以及法律条文的主观性、不确定性,必然导致生活样态的千差万别。

其实,道德规范和法律条文作为特定时空、文化背景下的价值逻辑和价值选择,必然随着时空、文化的变迁而发生形式与内容的转换。所谓价值,即客体对主体的一种效用,它是客体满足主体需要、欲望、目的时所呈现的一种关系属性。为什么"三纲五常"呈"式微"之势?为什么有些法律条文亟待修订甚至废除?因为人们的生存环境和价值准则有了新的内容。

仅就法律的缺陷而言,亚里士多德曾强调:"法治应包含两重意义:已成立的法律获得普遍的服从,而大家所服从的法律又应该本身是制定得良好的法律。"[2]可见,"良法"才是法治社会的基本前提。必须承认,任何社会都可能出现一些"恶法",如果遵从即违背实质正义,如果不遵从则违

---

[1] 〔英〕亨利·西季威克:《伦理学方法》,廖申白译,中国社会科学出版社1993年版,第469页。
[2] 〔古希腊〕亚里士多德:《政治学》,吴寿彭译,商务印书馆1965年版,第199页。

背形式正义。在"恶法"面前何去何从，直接考验个人的价值信念和行为准则。无论是法律条文还是道德规范，必须是合理的，必须经得起良知的检视、拷问，才具备推行和实践的合法性。

七、判断力教育推崇价值理性

一个人的行为能力、生活能力是其判断力最为直观的表现形式。一个人的行为品质、生活境界，取决于行为和生活本身所蕴含的思想和德性的分量。没有思想和德性的人生是没有多少意义的人生，是肤浅、空洞、无趣的人生。未经反省的人生不值得过，而反省的目的就在于增加生存的重量。

在一个价值、道德、文化急剧变革的时代，怎样才能克服道德和法律本身的局限性？怎样为个人的言谈举止进行辩护？怎样为自己的"顺从"或"不从"行为的正当性进行解释？这是每个人认真生活时无法越过的难题。其实，对于任何人而言，都不存在一劳永逸或放之四海而皆准的生活准则和行动逻辑，科学的做法只能是在解决具体问题的过程中积极思考，有意识地锻炼思维，从而形成一个灵活、开放、富有批判意识和反省能力的头脑。

教育就是对儿童的行为进行引导和约束，培养其理性，从而过上一种理智的生活。这种理智主要表现为个人对于法律条文和道德规范的洞察力、理解力和批判力。在一个动荡不安且充满不确定性的时代，在一种"君不君、臣不臣、父不父、子不子"的多元价值秩序中，这种理智显得尤为重要。

但是，英国哲学家罗素曾经强调，我们没有理由期待一个受过教育的人比一个没有受过教育的人，或者一个聪明的人比一个愚蠢的人在道德上更为优越。① 为什么这样说？因为，个人道德尤其是道德判断力，并非必然地与那些所谓受过教育的人或者聪明的人有缘分。作为教育的核心价值，道德尤其是道德判断力必须经过反复的、严肃的、持续不断的耐心引导和自我修炼，才可能在一个人的身上逐渐地成长起来。

八、判断力教育要遵循文化逻辑

"判断力教育"作为一种"生活教育""人生教育"或"人格教育"，在我国传统教育思想中占有非常重要的位置，其中儒家论点堪称典范。比如众所周知的"己所不欲，勿施于人""己欲立而立人，己欲达而达人"，又如"博施于民而能济众""修己以敬，修己以安人，修己以安百姓"，等等，今天依然是人生处世的金科玉律。

人生就是生活，就是做人。但是，过什么样的生活、做什么样的人，成为教育中无法回避的话题。"富贵不能淫，贫贱不能移，威武不能屈"这是大丈夫人格，更是生活姿态和人生追求。或曰："知者不惑，仁者不忧，勇者不惧。"或曰："老者安之，朋友信之，少者怀之。"它们是"判断力教育"所描绘的人生境界，也是相关课程与教学的经典内容。

年龄和阅历造就了人的生活信念和生活态度。在宏大的人生坐标中，少年儿童是现实主义者，青年人是理想主义者，中年人是怀疑主义者，老年人是神秘主义者。或者说，少年儿童过的是一种感性的生活，青年人过的是一种梦幻的生活，中年人过的是一种多变的生活，而老年人过的是一种宗教式的生活。《论语》中的"君子之戒"，揭示了"判断力教育"的顺序性、阶段性："少之时，血气未定，戒之在色；及其壮也，血气方刚，戒之

---

① 〔英〕伯特兰·罗素：《西方哲学史》，吉林大学出版社、吉林音像出版社2005年版，第205页。

在斗；及其老也，血气既衰，戒之在得。"

　　经验告诉我们，为人处世，只有坚持一种发展的、联系的、辩证的观点，才可能大度从容、得心应手。孔子的"四毋说"值得铭记：毋意，毋必，毋固，毋我。经验还告诉我们，一个人的才智和德性相辅相成、相得益彰，而且，只有敏锐的洞察力与善意和良知同行时，才可能探知生活世界的精微处。所谓："才者，德之资也；德者，才之帅也。"（《资治通鉴》）现实生活中，心眼不多但品行端正的人，经常能看穿最狡猾的骗子的诡计，而贪婪、无知和虚荣常常使一个人的判断力钝化。人一旦被这些东西控制，各种形式的常识和劝导，都不过是耳边风，很难产生实质性作用。

九、判断力教育直面人格现实

　　良好的判断力是一个人保持清醒、自由而不自我放纵的前提条件。在《斐德若篇》中，柏拉图将人的灵魂划分为三部分，其中的两部分像两匹马，第三部分像一个御车人。这两匹马中一匹驯良，一匹顽劣。驯良的这匹马占较尊的位置，样子顶美，身材挺直，颈项高举，鼻子像鹰钩，白毛黑眼，它爱好荣誉、谦逊和节制，因为懂事，要驾驭它并不需要鞭挞，只需劝导一声即可。顽劣的那匹马则相反，庞大、卷曲而丑陋，颈项短而粗，面庞平板，皮毛黝黑，眼睛灰土色里带血红色，不规矩而又骄横，耳朵长满了乱毛，又聋，鞭打脚踢也难得使其听从调度。① 御车人靠什么来驾驭这两匹马？只能是良好的判断力。

　　一个人拥有了良好的判断力，才可能节制而不压抑，随性而不放纵，才可能在各种名利得失乃至危机面前心不慌、意不乱，安定从容。在《斐

---

① 〔古希腊〕柏拉图：《柏拉图全集》（第二卷），王小朝译，人民出版社2003年版，第168页。

多篇》中,柏拉图特别强调,节制就是不被欲望所支配,就是对各种诱惑保持一种清醒。他认为,节制这种美德属于那些克制身体欲望而专注于哲学思考的人。今天,身处物质主义、科技至上和经济主导一切的商业大潮中,一个自我放纵的人,一个丧失了自控力、意志力的人,其精神生活的贫穷、困顿状态,可想而知。

关于节制和放纵两者之间的关系问题,亚里士多德进行过比较深入的探讨。他认为:一个人并不是因为他能够直面痛苦而被称为节制,也不是因为他没能够直面痛苦而被称为放纵;放纵之人被称为放纵,是因为他没有得到快乐而不适当地感觉痛苦(由快乐造成的痛苦),而节制之人被称为节制,是因为他在没有得到快乐或回避快乐时并不感觉痛苦。① 这些论点对于解决当代人的精神安顿问题具有重要的启示意义。

十、判断力教育主张返璞归真

察己则可以知人,察今则可以知古。正确的自我认知和自我判断,乃是一切判断的基础;妄自尊大或妄自菲薄不但难以做出正确的判断,而且常常会导致严重后果。现实中,不少人会对明确无误的事情表示怀疑,而有的人对一些尚不明确的东西深信不疑。如果没有自知之明,不知自我反省也不知谨慎使用的话,一个人的头脑将成为非常危险的东西。

一个人怎样才能不惑或不盲从呢?最要紧的就是养成良好的判断力。怎样才能具备良好的判断力?梁启超在《为学与做人》中有所阐释,他认为大致有三步:第一步,必须拥有相当的常识;第二步,对于自己要做的事,必须具备专门的知识;第三步,要有遇事能断的智慧。由此来看,生

---

① 〔古希腊〕亚里士多德:《尼各马可伦理学》,廖申白译,商务印书馆 2003 年版,第 92 页。

活常识、专业技能、实践历练三个方面,决定着一个人的判断力水平。①

遗憾的是,有些富有常识、专业特长和丰富生活阅历的人,却常常做出荒诞可笑的事情。有些时候,成人反而不如儿童聪明。为什么?童心最美!儿童心地单纯,其生活世界自然透明,而成人往往戴着有色眼镜看问题,其认知逻辑因而发生扭曲却不自知。成人常常会陷入一些偏见和假象中。正是基于这一事实,人们才说:儿童是成人之父!其实,在有些是非面前,儿童之所以会比成人判断更准确,做出更为合理的反应,正因为他们心无旁骛,富有同情心,具有更为敏锐的感知能力。成人之所以会在有些是非面前反应迟钝,根源于冷漠、自私的狭隘心理。并不否认,成人往往比儿童更机灵、更世故、更圆滑,但必须承认,正是机灵、世故和圆滑毁坏了成人对于真、善、美的感知力和判断力。

从根本上讲,"判断力教育"是为了规避盲从、浮躁和浅薄,帮助人认识生活的本义,学会以滋养生命的方式享受人生。正如著名作家王蒙所言,生活的本质是你喝什么样的水,而不是盛水的杯子,真正的高贵是你喝了甘甜的水而不是举起了华贵的杯子;看重生活本质的人,在人生的路上艰苦跋涉,寻找更甜更美的甘泉,人生路上留下了一座座丰碑,而那些手捧金杯玉盏的人却守着几个杯子度过了一生。

十一、判断力教育反对言听计从

之所以呼唤"判断力教育",是因为判断力在当前的教育活动中严重不足。其中,缺乏判断力的不仅是儿童,还有教育者自身。反观现实,父母、教师、成人往往更需要判断力教育。

---

① 史中文等:《古今中外伟人智者名言精粹——论智慧》,中国国际广播出版社1993年版,第6页。

之所以呼唤"判断力教育",还是因为"唯书""唯师""唯上"依然比较强势,不少教育者往往习惯于"顺从"而压制"不从",严重忽视甚至扼杀了学生的批判意识和创新精神。在不少教育者的潜意识中,往往认为"顺从"是一种美德,而"不从"是一种恶行。岂不知一个人的精神和判断力要想真正获得发展,必须敢于对形形色色的成见和"标准答案"说不。诚如埃里希·弗洛姆所言:"人的智力发展依赖于不从的能力,即对试图禁止新思想的权威人士的不从和对长期形成的已变为废话的权威观点的不从。"[1]

当然,任何专制的统治者都不会鼓励怀疑、批判和不从,他们总是习惯于将个人利益建立在传统、迷信和权力之上。"不要让青少年有判断力。只要给他们汽车、摩托车、刺激的音乐、流行的服饰以及竞争意识就行了。剥夺青少年的思考力,根植他们服从指导者命令的服从心。让他们对批判国家、社会和领袖抱着一种憎恶,让他们深信那是少数派和异端者的罪恶,让他们认为想法和大家不同的就是公敌。"这段被冠以"希特勒语录"的文字,在网络上广为流传。

可以想象,一个人顺从国家权力、教会主张或集体意志时,就会感到安全和有保障,而若要不从,就必须有忍受孤独乃至有"作恶"或"犯罪"的底气。事实上,在各种封闭、专制、独裁的文化体制中,沉默不语或逆来顺受,向来都是弱者的处世之道和生存智慧。所谓明哲保身、难得糊涂,其实不过是很多人"逃避自由"的借口。同时,那些对于别人的苦难遭遇无动于衷的人,那些对于身边不平之事听之任之默不作声的人,往往是丧失了道德判断力而灵魂瘫痪、精神麻木的人。言听计从也好,唯唯诺诺也好,可能是一种大智,但绝不是大勇。

---

[1] 〔美〕埃里希·弗洛姆:《人的呼唤——弗洛姆人道主义文集》,王泽应等译,生活·读书·新知上海三联书店1991年版,第3页。

十二、判断力教育的本质在于启蒙

《察今》曰："有道之士，贵以近知远，以今知古，以所见知所不见。故审堂下之阴，而知日月之行，阴阳之变；见瓶水之冰，而知天下之寒，鱼鳖之藏也。尝一脟肉，而知一镬之味，一鼎之调。"（《吕氏春秋·慎大览》）由此来看，除了价值判断力、道德判断力、文化判断力，我们还可以提出逻辑判断力、自然判断力、生活判断力等不同概念。但相比较来看，只有价值判断力，尤其是道德判断力得到了良好锻炼的人，才可能真正成为有教养的人，才配得上"有教养的人"这一称谓。因为，"有道"未必"有德"，"道"可行善，亦可为恶。正所谓"君子挟才以为善，小人挟才以为恶。挟才以为善者，善无不至矣；挟才以为恶者，恶亦无不至矣"（《资治通鉴》）。一个人用智慧来行善，就是天使，用智慧来作恶，就是魔鬼。对于一个道德判断力发育不健全或丧失了道德判断力的人而言，其勇敢的行为常常意味着鲁莽、残暴甚至罪孽，其聪明的脑袋，常常成为谄媚、附庸、腐败的资本和工具。

正如源赖朝所言："判断力就像一株不断成长的植物，需要细心培育和不断看护，这样才可能在所有情况下都结出果实。"[①]在一个诚信、信仰、同情心、责任感稀缺的时代，在一个道德状况异常糟糕的环境里，儿童的心理健康和精神发育堪忧。北大教授钱理群指出："我们的一些大学，包括北京大学，正在培养一些精致的利己主义者，他们高智商，世俗，老到，善于表演，懂得配合，更善于利用体制达到自己的目的。这种人一旦掌握权力，比一般的贪官污吏危害更大。"[②]所谓"精致的利己主义者"，尤为擅长的就是投机取巧和自我经营，他们常常能够上下通达、左右逢源，

---

① 〔日〕源赖朝：《判断力》，葛文婷译，哈尔滨出版社2010年版，第2页。
② 《重庆晨报》2012年5月4日。

实现个人利益最大化。需要警醒的是,这些人可能是特别聪明的人,却不是有涵养有品位的人,因为他们身上缺失了一种德性,道德判断力成为人格短板。事实上,这些人不过是培根所讲的那种精通"自谋之术"的人——爱自己甚于任何旁人的人。他们身上的聪明其实是一种卑污的聪明——那种房屋倒塌之前迅速逃离的鼠辈的聪明,那种处心积虑抢占獾穴的狐辈的聪明,那种虚情假意吞噬他物时落下眼泪的鳄鱼的聪明。①

总之,判断力犹如航船之舵、骏马之缰,它是人之为人的内在依据,而教育的使命就在于赋予人以理性和良好的判断力,让人拥有智慧,从而摆脱限制人类思想和毁坏人类情感的种种愚昧。从哲学的角度来看,真正自主自觉的教育,无论是探讨世界观、人生观、价值观,还是阐释本体论、认识论、价值论,都不会忽视个体判断力的培养和提升。"热情就像水晶一样脆弱,但判断力却像青铜一样持久耐用。"②在一个价值多元、道德多元、文化多元的大变革时代,一个没有良好判断力的人,一个没有强大内心世界的人,可能糊里糊涂、跌跌撞撞、随波逐流,也可能畏首畏尾,茫然不知所措,甚至一错再错。诸如此类的反面现象,恰好有力地说明了"判断力教育"的理论意义和启蒙价值。

---

① 〔英〕弗兰西斯·培根:《培根论说文集》,东旭等译,海南出版社1995年版,第99页。
② 〔日〕源赖朝:《判断力》,葛文婷译,哈尔滨出版社2010年版,第4页。

"人性化教育"的多重价值意蕴

作为一种培养人的社会活动,教育的根本目的在于促进人性的丰富和完善。作为人类特有的自身发展手段,教育必须以塑造人性为天职,千方百计地呵护人性、培养人性、传播人性,促进儿童人格的健康发展。性相近也,习相远也。没有良好的人性启蒙,便没有幸福完满的人生。因此,评价教育优劣以及合理与否的基本尺度就是看其促进人性发展的水平,看其在培养儿童健全人格方面是否具有可靠的人性论基础,看其与"人性化教育"的精神主旨是否具有内在一致性。让教育回归人性,构建"人性化教育",理当成为当前教育改革的核心内容。

其一,"人性化教育"是与"非人性教育""野蛮性教育""工具性教育"相对立的概念。很多时候,正是教育的非人性、野蛮性和工具性导致了儿童人性的泯灭和人格发育的不健全。"出自造物主之手的东西,都是好的,而一到了人的手里,就全变坏了。"对于教育的异化、堕落,卢梭做过非常深刻的批判和揭露:"当我们看到野蛮的教育为了不可靠的将来而牺牲现在,使孩子受各种各样的束缚,它为了替他在遥远的地方准备我认为他永远也享受不到的所谓的幸福,就先把他弄得那么可怜时,我们心里是怎样想的呢?即使说这种教育在它的目的方面是合理的,然而当我们看见那些不幸的孩子被置于不可容忍的束缚之中,硬要他们像服苦役的囚徒似的继续不断地工作,我怎么不感到愤慨,怎能不断定这种做法对他们没有一点好处?欢乐的年岁是在哭泣、惩罚、恐吓和奴役中度过的。你们之所以折磨那可怜的孩子,是为了使他好;可是不知道你们却招来了死亡,在阴沉的环境中把他夺走了。谁知道有多少孩子由于父亲或教师过分地小心照料而终于成为牺牲品?能够逃脱这种残酷的行为,可以说是很幸运的,孩子们在遭受了种种灾难以后,所得到的唯一好处是,在死亡的时候不至于对这个受尽苦楚的生命抱有惋惜的心情,因为他们在这一生中遇到的尽是苦难。"①因此,"人性化教育"是对教育本质和教育精神的揭示和呼唤,所彰显的是人们对于教育的本体性认识,所追求的是美好教育的内涵和品质。

其二,"人性化教育"意味着对于生命的敬畏,意味着对于儿童身心发展规律的遵循,意味着教育理念的人性化和教育环境的人性化。其中,教育理念的人性化要求教育者能够尊重学生的主体地位和主体意识,尊重学生的主体人格、自我尊严和独特生命,而不是把学生当作"工具"和"机器",更不能像对待"动物"那样进行改造和训练。教育环境的人性化则要求在教育内容、教育方法、师生交往等方面自觉渗透一种生命意识,多一份人文关怀。可以说,"人性化教育"是一种顺乎人性特点及其发展规律的教育,它所关注的是教育本身的生命性、人文性和自由精神,所强调的是个体的存在性、生成性,其着力点在于创建和谐校园,构建民主的师生关系和愉悦的学习氛围,凸显课程知识的人性内容和人性意义,力求以生命化教学来促进儿童人格的自我完善,让学生热爱生活、尊重生命。

其三,从教育的目的与功能来看,"人性化教育"是为了"成人"而不是"造物"。教育者的责任是帮助个体发展能力、完善人格,而不是把儿童塑造成一个知识的容器。单靠知识和技术并不能保证人类的幸福和尊严。正如爱因斯坦在写给《纽约时报》的文章中所说:"仅仅用专业知识教育人是不够的。通过专业教育,他可以成为一种有用的机器,但是不能成为一个和谐发展的人。要使学生对价值有所理解并产生热烈的感情,那是最基本的。他必须获得对美和道德上的善有鲜明的辨别力。否则,他——连同他的专业知识——就更像一只受过很好训练的狗,而不像一个和谐发展的人。"不难发现,现实中存在着两种类型的教育:一种教育看重的是那些处于人的生命意识之外的僵化的知识,一种教育看重的是那些属于

---

① 〔法〕卢梭:《爱弥儿》,李平沤译,商务印书馆2017年版,第80—81页。

德性和生命本身的内容。前者以灌输和累积为主要方法，后者则强调启发、熏陶和唤醒。前者培养出来的人机械、冷漠、呆板，后者培养出来的人则理智、灵活而富有真情。

其四，"人性化教育"是认同个性差异、注重个性发展、强调特色培养的教育。人人生而不同，每个人都有其独特的个性，都作为无可替代的独立个体而存在。人之为人的本质规定就在于个体的丰富性、微妙性和多样性。现实生活中的人不可能也不应该保持一模一样。其实，一个人只有拥有了自己的个性，而不是被雕塑为一种抽象的、普遍的社会符号，才能够正视人类的共同经验和真正拥有属于自己的生活。进一步来说，个体的差异性和独特性乃人类文化多姿多彩的重要源泉，乃人类社会文明不断进步的推动力。实践证明，越是高度个性化的社会，它的整体力量就越强；相反，越是缺乏个性的社会，其整体力量就越弱。蔡元培曾经强调："知教者，与其守成法，毋宁尚自然；与其求划一，毋宁展个性。"可见，教育教学活动不但要适应儿童身心发展的年龄特征，而且要适应儿童的个别差异性。或者说，注重自我教育、自我决定、主动参与以及教育内容个性化，引导儿童充分认识自我、提升精神，形成独特的生命风格，理应成为当代教育的重要价值取向。

其五，"人性化教育"是人的需要不断得到满足、人的"发展潜力（能）"不断得以开发的教育。心理学强调，每个人都有一种趋于健康的积极倾向，都有一种趋于成长或者趋于人的潜能实现的本能——自我实现的本能。与动物相比，人活动的环境是无限开放的，人总是能够不断地超越现实而走向更加开放的环境，而教育的价值就在于实现人的超越性。鲁洁教授认为："理想的教育并不是要以各种现实的规定性去束缚人、限制人，而是要使人从现实性看到各种发展的可能性，并善于将可能性转化为现实性；它要使人树立起发展与超越现实的理想，并善于将理想付诸现实。培养一种理想与现实相统一的人，超越意识与超越能力相统一的人，这才是教育之宗旨。"联合国教科文组织曾经指出:"使每个人的潜在才干和能力得到充分发展,这既符合教育的人道主义的使命,又符合应成为任何教育政策指导原则的公正的需要,也符合既尊重人文环境和自然环境,又尊重传统和文化多样性的内源发展的真正需要。"事实证明,每个人都具有巨大的可塑性和发展的可能性,但要成为完整的人,却少不了自身的不懈努力和对环境的不断超越,而教育的价值就在于帮助每一个人以一切可能的形式去实现自我,走上幸福的人生之路。正是在这样的意义上,我们可以将教育隐喻为人的发展潜力与完整人格之间的一座桥梁。

其六,"人性化教育"是重视师生精神状态、倡导成功体验的教育。艾·阿德勒在《理解人性》中指出:"学校是每个儿童在其精神发展过程中所必须经历的一个场景。因此,它必须能够满足健康的精神成长的要求。只有当学校与健康的精神发展的必要性保持和谐,我们才说这是一所好学校。只有这样的学校才能被认作是社会生活所必不可少的学校。"反观现实,教育功利化、市场化的直接后果是教育逐渐失去了求真、求善、求美的本质特征,而日益陷入了政治化、经济化、技术化的泥潭。不得不承认,现行的许多教育已经异化为培养失败者、冷漠者的教育,"见分不见人",以分数作为衡量学生的唯一标准,加上繁、难、偏、旧的课程设置,致使大多数学生畸形发展,在无休止的考试中咀嚼失败,渐渐失去了学习和生活的信心。以致许多"受过教育的人"并没有成为心灵自由的人,有知识而无智慧,有知性而无灵性。事实证明,成功的体验孕育成功,并提升人的精神。不仅学生这样,教师也如此。试想,假如教师在卑微的生存境遇中失去了应有的尊严,找不到职业成就感,而且长期处于"不求有功但求无过"的精神状态下工作的话,教育的希望何在?相反,一个人只有具有一种来自内心的旺盛不息的精神力量的时候,才能够主动地、自我导引式地去发展自己,追求幸福。

其七,"人性化教育"是注重培养学生创新精神和实践能力的教育。

人是一种创造性的存在，探究与创新是人的精神属性的核心内容。人的生活不是自然的，而是创造和不断超越的。美国思想家弗洛姆说过："一个具有创造性的人可以赋予他所接触到的一切以生命。他赋予自己的能力以生命，也赋予别的人和物以生命。"人与其他生命的不同之处在于，人不只是自然、自在的存在，更是自为、自由的存在。这种自为、自由的存在恰恰体现了人的创新精神。对于人来说，生活就意味着创造，创造才是真正属于人的生活。一般来说，创新精神包括好奇心、求知欲，对新异事物的敏感性，对真知的执着以及对发现、发明、革新的强烈愿望等。而实践能力包括实验、动手、交往和社会适应能力等多个方面。创新精神往往以实践为依托，它是实践过程中勇于开拓不断进取的内在力量，而教育的任务就在于不断开发蕴藏于个体生命之中的创新潜能，增强个体的实践能力。这是素质教育的根本要求，也是中小学设置"综合实践课程"的意义与价值所在。

其八，"人性化教育"是促进儿童全面、自由、和谐发展，为其一生发展奠基的教育。人的全面发展包括身体、智力、情感、审美意识、社会责任感等多个方面。在最高层次上，"人性化教育"就是要教人超越自我，超越功利和世俗，达到与自身、与他人、与社会、与自然的和谐相处。卢梭笔下的爱弥儿就属于这样的人："他现在已经年过二十，长得体态匀称，身心两健，肌肉结实，手脚灵巧；他富于感情、富于理智，心地是十分的仁慈和善良；他有很好的品德，有很好的审美能力，既爱美又乐于善；他摆脱了种种酷烈的欲念的支配和偏见的束缚，他一切都服从于理智的法则，他一切都倾听友谊的声音；他具有许多有用的本领，而且还通晓几种艺术；他把金钱不看在眼里，他谋生的手段就是他的一双胳膊，不管到什么地方去，都不愁没有面包。"[①]这种理想的教育目标何以实现？首先，教育者应该遵

---

① 〔法〕卢梭：《爱弥儿》，李平沤译，商务印书馆1958年版，第695—696页。

循儿童身心发展的顺序性和阶段性。卢梭认为:"大自然希望儿童在成长以前就要像儿童的样子。如果我打乱了这次序,我们就会造成一些早熟的果实,它们长得既不丰满,也不甜美,而且很快就会腐烂,我们将造成一些年纪轻轻的博士和老态龙钟的儿童。"①其次,教育者必须充分尊重儿童的主观能动性,倡导个体的自主发展。再者,教育者应该帮助儿童形成独立意识、自主意识和批判精神,提高其在人生各种不同情况下的判断能力。为此,教育者必须充分认识到知识之于智慧的启迪作用。知识之于教育的价值在于丰富个体生命智慧,提升个体生命境界。正如黄克剑教授所言:"知识若没有智慧烛照其中,即使再多,也只是外在的牵累;智慧若没有生命隐匿其间,那或可动人的智慧却也不过是飘忽不定的鬼火萤照。"②真正完整、和谐的教育不是本末倒置,一味地围着考试、升学转,而是要教给儿童一生有用的东西,使他们慷慨、大度,能做事、会做人,成为优秀的社会公民。

其九,"人性化教育"是一种关涉人生价值和人生信仰的教育。池田大作说过:"信仰就是对宇宙和生命怀抱坚定的信念,它是智慧的源泉,是人类精神的骨架,具有崇高的信仰,才能立足于根本的人性,才能使生命生机勃勃地运动,劲头十足地度过有意义的一生。信仰是关于整个生命的问题。"③维特根斯坦强调:"信仰是我的心灵、我的灵魂所需要的,而不是我的远见卓识所需要的。并不是我的抽象的头脑必须得到拯救,而是我的具有情感的、似乎有血有肉的灵魂必须得到拯救。"④一个受过完整教育的人不能没有理想,不能没有信仰,更不能没有道德感和同情心。完

---

① 〔法〕卢梭:《爱弥儿》,李平沤译,商务印书馆1996年版,第91页。
② 黄克剑:《回归生命化的教育》,《明日教育论坛》2001年第2期。
③ 〔日〕池田大作:《人生寄语:池田大作箴言集》,程郁译,上海社会科学院出版社1992年版,第55页。
④ 〔奥〕维特根斯坦:《文化和价值》,黄正东、唐少杰译,清华大学出版社1987年版,第47页。

整的教育成就完整的人格。教育既要关注知识与技能、过程与方法,更要关注情感、态度与价值观,此乃当代学校课程改革的重要思想基础。

其十,"人性化教育"是一种面向未来,全人生服务、指导,融家庭教育、学校教育、社会教育为一体的终身教育。现代社会要求一个人必须能够在各种时空背景下学习和工作,必须能够不断地适应新情况,并能够自主、灵活地解决问题。正如《学会生存》一书所言:"唯有全面的终身教育才能够培养完善的人,而这种需要正随着使个人分裂的日益严重的紧张状态而逐渐增加。我们再也不能刻苦地一劳永逸地获取知识了,而需要终身学习如何去建立一个不断演进的知识体系——'学会生存'。"[①]因此,构建终身教育体系的目的不仅在于学习方式的转变,还在于突破校园围墙,改革"一卷试天下、一考定终身"的评价制度,为儿童的一生发展创造条件,为生命的完整性以及生活的完整性开辟道路。

[①] 联合国教科文组织国际教育发展委员会:《学会生存:教育世界的今天和明天》,华东师范大学比较教育研究所译,教育科学出版社1996年版,第2页。

试论"幸福教育"的可能意义

关于"幸福教育"这一概念，主要有两种理解：一种是将幸福视为有待教、有待学的具体内容，因而"幸福教育"就是教育者教幸福、学习者学幸福，从而探明何为幸福乃至如何追求幸福。另一种是以"幸福指数"来评价教育、认识教育，或以幸福为价值标准来塑造教育、创新教育，而总体上是将幸福视为教育过程中师生双方的精神体验，将教育视为一项以幸福为特质的主体交往活动。现实中，一个人接受教育究竟是为了什么？说到底，是为了获得幸福美好的生活。可以说，构建幸福、美好的生活一直都是教育的核心价值追求。就当前基础教育改革与发展而言，在思想层面上主要体现为"幸福教育"的理论建构，在实践层面上则有"回归生活世界"名义下的种种探索。

不难发现，无论是教育的理想还是理想的教育，都必须拥有自身的本质属性以及与其一致的教育内容。如同"生命教育""情感教育""快乐教育"等各种教育主张的出台一样，提出"幸福教育"这一概念的根本目的也是尝试着对教育的本质及其内容做出新的界定。一般来说，"幸福教育"是作为一个操作性概念来利用的，主要是指关于幸福的教育，即旨在引导学生了解幸福知识、认识幸福的意义、追求幸福的人生。但就学校课程而言，幸福教育需要以教师和学生的幸福生活为着眼点，通过各种形式的幸福体验，最终实现教育品质的提升并为学生未来的幸福生活奠定基础。显然，幸福教育的根本价值在于提升个体的幸福意识和幸福感受能力，不断提升个体的生活质量。

需要警惕的是，将幸福作为课程内容的"幸福教育"很有可能流于形式而陷入肤浅，很可能会以不快乐、不幸福的形式开展关于"幸福"的教学活动，关于幸福的知识和内容很有可能会沦落为沉重的课业负担。因此，只有将幸福作为教育的内在品质与精神，从本质上将幸福与教育统一起来的"幸福教育"才是最为深刻和可靠的教育。或者说,只有在真实、幸福的教育生活中开展幸福知识、幸福内容和幸福观教育,"幸福教育"才能够取得其完整的意义。在我们来看,"幸福教育"至少具有以下规定性。

一、"幸福教育"是一种教导人怎样生活的教育

在英国教育家斯宾塞来看,教育就是教导一个人怎样生活,使他获得生活所需要的各种科学知识,为他的圆满生活做好预备。"怎样生活?这是我们的主要问题。不只是单纯从物质意义上,而是从最广泛的意义上,来看待怎样生活……怎样看待身体,怎样培养心智,怎样处理我们的事务,怎样带好儿女,怎样做一个公民,怎样利用自然所供给的资源增进人类幸福,总之,怎样运用我们的一切能力使之对人最为有益,怎样去完满地生活?这个既是我们需要学的大事,当然也是教育中应当教的大事。为我们的完满生活做准备是教育应尽的职责,而评判一门教学科目的唯一合理办法就是看它对这个职责尽到什么程度。"[①]幸福是人所追求的一种生存状态和存在方式,而教育的价值就在于教给人一种生活得更好的能力。"教育作为一种特殊的生活方式,既要使生活于其中的人感受到幸福,亦要使人获得一种活得更好的能力。因而,幸福是教育的应然追求,关涉人生幸福的教育应超越知识而面对生活与意义,应超越设计而面对境遇与传统,应超越塑造而走向对话式生成,应超越实体而让师生在交往关系中共享幸福,应超越裁定而面向学生的发展。"[②]

---

① 〔英〕斯宾塞:《教育论》,胡毅译,人民教育出版社1962年版,第7页。
② 易凌云:《论关涉人生幸福的教育》,《教育理论与实践》2003年第5期。

二、"幸福教育"是一种富有哲学精神、反思意识的教育

教育走向自觉、走向幸福,需要不断地接受批判,需要处于教育之中的人学会批判和反思自己的教育生活,而哲学作为一件完整的东西,"它观照我们一切的经验,指引我们的所作所为,它经常用批判反思的目光注视我们自己以及自己的感觉。它使我们勇于接受命运的安排,以及我们自己成长的可能性。哲学教会我们直面现实中的幸与不幸,摆脱世俗的偏见,而从另一个角度反思,而不被表面的现象所羁绊……哲学之思开启了我们与生俱来的精神之眼"[①]。教育既然是一项富有生命力的事业,自然需要一种虔诚的态度和敬畏的心理。"教育,不能没有虔诚之心,否则最多只是一种劝学的态度。对终极价值和绝对真理的虔诚是一切教育的本质,缺少对'绝对'的热情,人就不能生存,或者人就活得不像一个人,一切就变得没有意义。"[②]未经反思的生活是不值得过的,未经省察的教育也同样是值得怀疑、推敲和靠不住的。

1693年,英国哲学家洛克根据自己当家庭教师的经验及哲学上的思考,写成了《教育漫话》一书,并颇有感慨地表白,他之所以把这些"漫话"公之于众,是因为"教育上的错误比别的错误更不可轻视。教育上的错误正如配错了药一样——它们的影响是终身洗刷不掉的"。法国启蒙思想家卢梭在《爱弥儿》的开卷第一句话中一针见血地指出:"出自造物主之手的东西,都是好的,而一到了人的手里,就全变坏了。"先哲们朴素的话语中不仅流露出对于教育的梦想和希冀,还表达着对于过去以及眼前教育

---

① 〔德〕雅斯贝尔斯:《什么是教育》,邹进译,生活·读书·新知三联书店1991年版,第160页。

② 〔德〕雅斯贝尔斯:《什么是教育》,邹进译,生活·读书·新知三联书店1991年版,第44页。

的失望和不满。或许,这一切可以凝练为这样一个较为通俗的教育哲学命题:教育是一项需要深思熟虑的事业。但是,反观现实的教育发展状况,我们不得不承认,最为缺少的恰恰就是一种批判和超越的哲学精神。

三、"幸福教育"是一种完整、和谐,富有快乐体验的教育

幸福是一种高级的情感,关注人的快乐体验与发展是"幸福教育"的本质特性。关于幸福教育,刘次林曾经在《幸福教育论》一书中有过这样的描述:"师生双方相互感应,不断激荡,慢慢消解中介隔离最后达到同悲共欢的融合境界,这是一种'忘我'的过程。在师生的幸福交融中,双方形成一种直觉的关系,台上的疯疯癫癫,台下的如痴如醉,整个教育超越了理性的和语言对意义的分割,形成了一种强有力的情感场和完整的体验……他们或愤或悱,或悲或喜,或怒或笑,忘掉了一切杂念,甚至也忘了下课的铃声。"[1]可见,"幸福教育"应该是一种帮助人体验幸福,让人懂得人生价值和生命意义的教育,应该是一种唤醒人的灵魂的教育。"教育的本义是唤醒灵魂,使之在人生的各种场景中都保持在场。那么,相反,倘若一个人的灵魂总是缺席,不管他多么有学问或多么有身份,我们仍可把他看作一个没有受过教育的蒙昧人。"[2]

四、"幸福教育"是一种将人生信仰作为核心议题的教育

现代社会的真正问题是信仰问题、精神危机问题。教育不能没有信仰,没有信仰就不成其为教育。"信仰的价值在于能够帮助信者消解灯红

---

[1] 刘次林:《幸福教育论》,南京师范大学出版社1999年版,第203—204页。
[2] 周国平:《安静》,北岳文艺出版社2002年版,第34页。

酒绿的滔滔尘世累加于他的重荷,帮助他战胜烦恼、摆脱焦虑,赋予生命和生活以意义,将其引向高处,使他明白:与至高无上的精神目的相比,金钱、权力、声望、享受或飞黄腾达等业绩与成功,只是一种相对性、偶然性、有限性,而不是最高的价值,从而不致陷于各种过眼烟云似的东西的泥潭不能自拔……这样的信者,无论顺境或逆境、成功或失败、辉煌或平凡、蒸蒸日上或每况愈下,他的生活都会富有意义。他的面前都会有宽广的自由空间和机会。"①费尔巴哈曾经指出:"信仰不外意味着坚定不移地确信主观的东西……信仰便使人的愿望从自然理性之桎梏中解放出来;信仰允诺了本性与理性所不允的事情;信仰使人福乐。因为,它满足了人的最主观的愿望。"②

最为根本的是,信仰体现了人类对生活意义和价值的终极关怀。"正是由于信仰的存在,人类才得以从其具体生活的狭小时空范围和基本的生理需要的限制中超越出来,从生命本身所具有的客观缺陷和限制中解脱出来,从而为自己的存在和发展开辟出了新的领域、秩序和方向。可以说,信仰构成了人类精神寻求逃避永恒和无限的压迫以及驱除人类自身在宇宙存在中的漂泊感和孤寂感的驿站和家园。信仰的功能在于它通过使人相信在某种神圣的帷幕之后可能存在着一个有意义的地方,从而以此信仰去弥补人类及其社会本身的缺陷和不足,并为人安置了一个崇高而又神秘的精神生活的空间,为人勇敢地生活下去提供勇气,为人提供必需的精神支柱和行动指南。信仰的缺失或偏离不仅会导致人们对其自身生存意义的茫然,而且也会导致人们在社会生活中的迷茫和无所适从。"③

---

① 陈寿灿、任宜敏:《信仰与人性》,《社会科学战线》2002年第1期。
② 〔德〕费尔巴哈:《基督教的本质》,荣震华译,商务印书馆1984年版,第177页。
③ 李太平:《信仰三议题》,《华中科技大学学报(社会科学版)》2001年第2期。

五、"幸福教育"是一种尊重生命、善待生命、唤醒生命意识的教育

关于人生幸福,有一个简短而充分的描述:健全的心智寓于健康的身体。一方面,"在教育中,善待生命,包括自己的生命和他人的生命,应成为'善'的教育的起端"[①]。另一方面,"教育作为一种唤醒人的生命意识,启迪人的精神世界,建构人的生活方式,以实现人的价值生命的活动,其产生与发展的合理性本身就是由个体和人类的生活需要决定的"[②]。对于"幸福教育"而言,生活智慧是第一位的,知识技能是第二位的。"教育通过人类物质文化、精神文化和行为文化的传承,给予人生活的基本知识和技能,更重要的是教育教给人生活的智慧,发展了人创造生活方式的智慧和能力,给予了人在黑暗中探求人生真谛的慈眼,有利于儿童通过教育,逐步把生活看得清清楚楚、明明白白。"[③]教育的根本目的是明白生活的意义和价值,或者说,生命意义和生命价值的获得是属于"幸福教育"的一项极其重要的内容。"关注学生的生命,实质是关注个人的生命经历、经验、感受与体验。每个学生的生命都是独特的,这种独特性以其独特的遗传因素与环境相互作用,并通过其经历与经验、感受与体验体现出来。而人又是以其经历而形成的自我经验来感受生活、感受他人、感受世界的。也是基于他的生命感受,他的自我经验来理解生活、理解他人、理解世界的。"[④]

---

① 叶澜:《试析中国当代道德教育内容的基础性构成》,《教育研究》2001年第9期。
② 郭元祥:《论教育的生活意义和生活的教育意义》,《西北师范大学学报(社会科学版)》2000年第6期。
③ 郭元祥:《论教育的生活意义和生活的教育意义》,《西北师范大学学报(社会科学版)》2000年第6期。
④ 刘慧:《多元社会中学校道德教育:关注学生个体的生命世界》,《教育研究》2001年第9期。

其实，人本来就是一种生活在意义之中的高级动物，意义追求是人生之根本。因此，不断启发个体生活的意义并将其引向对美好意义的追求，理当成为教育的重要责任。"人的教育所关注的不仅仅是人的生存所要掌握的生活知识和技能，而最根本的是人的价值生命的实现，教育在本质上不是一种本能性活动，而是一种价值性活动，是与人乃至人类的生存状态、生活方式、生活质量相关的价值活动。"[①]

六、"幸福教育"是直面时代困境，促进人类走向自由的教育

现代社会，伴随着科学技术的飞速发展。"当人们面对多彩而巨大的商品堆积从而有可能获得日新月异的享受的时候，人们突然发现，自己已经被拖入两种不寒而栗的可怕境地：或者，他必须投入这架高速运转的社会机器之中，成为一个零部件，运用各种手段，大把地赚钱，用以满足由社会鼓动起来的物欲追求；或者，他在激烈的竞争中被社会所抛弃，成为被社会救济的乞食者。此时，金钱成了人们为满足物欲所追求的唯一目的，良心、美德、人性、人伦、人格成为金钱等价物。至于更严重而且相当普遍的行贿、贪污、盗窃、抢劫、图财害命等社会犯罪，所表露的人文精神的失落，更加触目惊心。"[②]不得不承认，现代人的现实生活世界正面临着日益萎缩甚至被肢解的危险。"我们所经历的社会是一个比较富裕但是无论如何却不能算是幸福的社会，我们所经历的是一个整天忙碌但却不知道为何忙碌的生活，我们所获得的是越来越多的自主性和权利但却从开始内心里就依赖于应用它们，我们所体验的是一种越来越孤独、越来越寂寞却因此越来越冒险甚至疯狂的感觉。当意义失落的时候，人们如何为自

[①] 郭元祥：《论教育的生活意义和生活的教育意义》，《西北师范大学学报（社会科学版）》2000年第6期。

[②] 刘京希：《"人文精神与现代化"学术研讨会综述》，《文史哲》2001年第4期。

己的价值与价值生活提供依据？没有合理依据的价值及价值生活是社会世界种种病态和荒谬的总根源。"①

不仅如此,在现代社会中,"人往往生活在渴望理解生活的最终意义,却又怀疑生活最终意义存在的矛盾之中,生活在因缺乏稳定的价值观念而对周围世界无所适从却又必须做出明确的自我决定的矛盾之中。由于缺乏精神的支撑,人的心理承受能力脆弱,无法应对复杂的社会矛盾和变动不居的社会生活,精神病患者增多"②。时代的困境,同样是教育的困境。"最近几百年来,科学以及耸立于其上的技术和工业的发展,极大地提高了人类认识世界和改造世界的能力,并给人类的生活带来了巨大的便利和好处。但与此同时,也正是它的发展,造成了能在瞬间毁灭整个人类的核武器,破坏了生态平衡,污染了人类赖以生存的大气和水源,并驱赶着人在漠视精神境界的提升,却日益以外在的物化标准去衡量进步与否的泥潭中越陷越深。由此衍生出的是现代人日益强烈的失落感、孤独感、空虚感以及如履薄冰般的苦涩、烦恼和无奈。"③正如鲁洁教授所言:"当代教育的沉疴在于它'太忙碌于现实,太驰骋于外界'……由于它放弃了'为何而生'的教育,荒废了它在意义世界中导行的职责,不能让人们从人生的意义、生存的价值等根本问题上去认识和改变自己,也必然前提性地要抛弃塑造人自由心灵的那把神圣的尺度:把一切教育的无限目的都化解为谋取生存适应的有限目的。教育也就失去了它本真的意蕴。"④

正是在这样的时代背景下,"幸福教育"出场了。教育的领域本应是

---

① 石中英:《人文世界、人文知识与人文教育》,《教育理论与实践》2001年第6期。
② 陈晏清:《重建新世纪的价值观》,《天津社会科学》2001年第1期。
③ 陈寿灿、任宜敏:《信仰与人生》,《社会科学战线》2002年第1期。
④ 鲁洁:《教育的返本归真——德育之根基所在》,《华东师范大学学报(教育科学版)》2001年第4期。

精神的领域、自由的领域。在这个精神的、自由的领域中,应该把受教育者和教育者自己生命的发展权、创造权还给他自己。教育就是对人性的充盈与放飞。一言以蔽之,只有让受教育者和教育者都同时幸福地向人性的完美进发时,教育才会呈现出自身的本来面目。

关于"新人文教育"的若干思考

在 2018 年新教育国际高峰论坛即将举办之际,"新教育实验"核心团队围绕论坛主题"新人文教育"进行了多次内部交流。我当时用电子邮件发表了一些个人见解:

探讨人文教育首先必须解答:何谓人文?何谓人文主义?何谓人文精神?关于"人文"一说,大多数文献都会引用《易经》中的语句:"刚柔交错,天文也;文明以止,人文也。观乎天文以察时变,观乎人文以化成天下。"但是,究竟应该如何界定"天文"和"人文"?众说纷纭,莫衷一是。或许,我们可以将"天文"理解为"天道",将"人文"理解为"人道"。如果这种理解成立的话,人道主义和人文主义有什么区别?人文、人道乃至人性,有待辨析。可以说,人道主义、人文主义、人文精神,所强调的都是"以人为本",而不是"以神为本""以王为本""以经济为本""以政治为本",所重视的都是人权而不是神权、王权、皇权,所推崇的都是人的自由、人类的自由和人之为人的根本权利(价值)。

从可以检索到的文献来看,很难界定"人文教育",难以找到令人满意的比较可靠的定义。目前,"人文教育"与"通识教育""博雅教育"有什么不同,有待辨析。另外,文史哲教育、艺术教育,乃至生命教育、精神教育、公民教育、价值教育等,与人文教育之间的关系,也有待厘清。人文教育实践历史悠久,相关思想丰富多彩。基于此,"新教育实验"所倡导的人文教育,可以命名为"新人文教育",但何谓"新人文教育"呢?我想,"新人文教育"不能不运用人文方法,不能不传授人文知识,不能不培养人文精神,不能不提升人文素养,不能不以塑造健全人格、培养全面发展的人为根本目标。

人文教育与科学教育,本来具有相对独立性,乃至对立性,但目前已经达成的基本共识是:应该彼此包容、相互融合。现在的实践难题在于:

两者如何整合和包容？在科学教育过程中，怎么落实人文精神？在人文教育过程中，如何体现科学精神？总体来看，"新教育实验"所倡导的人文教育应该以中小学教育为主，但长期以来，诸多理论文献和实践探索都是针对高等教育的时弊（轻视人文精神和人文素养）而展开，将人文教育与大学理念和大学精神联系起来讨论。还有不少文献探讨医学、医疗、医生培养和医护专业发展方面的人文理念、人文精神和人道主义问题。

而不管怎么区分中小学人文教育与大学人文教育，两者在形式、内容和方法方面都应该有所不同，因为这两个阶段的学生具有显著的差异。学科渗透应该是中小学开展人文教育的基本形式，当然也可以安排专题教学或综合实践活动，组织研学旅行、专题阅读、影视观赏、音乐会、艺术展等活动。其中，研学旅行，让孩子走进自然风景和历史文化景点中，是一种特别值得探索的人文教育方法。我这几年在泉州一些学校倡导"中小学多学科渗透儿童哲学教育"，也是一种人文教育方面的探索。

人文教育，因时空背景的变化而变化。就人文精神而言，有中华人文精神，还有西方人文精神、世界人文精神。在中国，有传统人文教育（思想），也有现代、当代人文教育（思想）。教育改革与发展，需要全球视野、全球意识，需要探索全球观念中的新人文教育（或可称为"科学人文教育"）。

那么，关于人文教育，"新教育实验"已经进行了哪些探索，提出了哪些主张，需要全面梳理。"新教育实验"接续会进行哪些新探索，会提出哪些新主张，需要深思熟虑。其实，"为了一切的人，为了人的一切""过一种幸福完整的教育生活"，包括"五大观点""十大行动""四大改变"等，都体现了"新教育实验"的人文情怀、人文精神和人文价值追求。或许，"新教育实验"在本质上就是一种"人文教育实验"，"新教育"就是"人文教育"，就是"新人文教育"。依此假设，"新人文教育：意义、源流与方向"便成为亟待研究的重要课题。

"新教育实验"是一种问题导向的实验,发现问题—研究问题—解决问题,是"新教育实验"的基本思路。针对人文教育而言,目前的核心问题是什么?如果可以将教育简单地划分为科学教育和人文教育两部分的话,就当下的中小学教育和大学教育而言,人文教育和科学教育究竟孰重孰轻,存在哪些具体问题?这些问题可以用哪些概念来解释?需要有基本思路。就基本范畴和学术规范而言,研究人文教育,必然涉及人文主义、人文精神、人文素质、人文素养、人文知识、人文学科、人文课程等相关概念。在"新教育实验"的话语体系中,这些概念该如何运用和阐释,如何与之前的相关概念"接轨",需要展开全面系统的研究。

总之,人文教育的核心是人文素养,人文素养离不开人文知识和人文课程。人文素养的核心是文化素养,文化素养离不开文化常识。当下的中国基础教育改革,"核心素养"成为最响亮的名词,但与之内在关联的"核心知识""核心课程"尚未真正出场。或许,"新教育实验"在这方面可以有所作为。从知识分类的角度看:与科学世界对应的有科学知识,与科学知识对应的有科学教育,与科学教育对应的有科学素养。同时,与人文世界对应的有人文知识,与人文知识对应的有人文教育,与人文教育对应的有人文素养。新教育如何看待(筛选)人文知识?如何开发"人文课程"?值得深入研究。当然,推动"新人文教育",需要考虑其时代背景,需要考虑由谁来推动,而尤其需要考虑的是当下中国(中小学)教师群体的人文素养和人文精神状况。

举全村之力　育一个孩子

"举全村之力,育一个孩子"(It takes a village to raise a child),本来是一句非洲谚语。1996年,时任美国"第一夫人"的希拉里·罗德姆·克林顿出版《举全村之力》一书后,这句谚语在世界各地广为流传。

教育好一个孩子,需要全村的力量。举全村之力,育一个孩子。这种说法的智慧在于:我们所生存的世界复杂多样、相互依存,孩子的发展与成功与其所处的环境密不可分,教育需要家庭、学校、社区一起努力,需要全社会携手互助,共同肩负起责任。教育问题是每个民族和国家都非常关心的问题。希拉里之所以借用这句谚语为自己的著作命名,根本目的就在于动员全民的力量为孩子们创造一个良好的成长环境。

作为"社会之子",教育无可避免地与其社会背景联系在一起。实际上,不论儿童,还是成年人,都会在特定的家庭生活和社会交往中直接地、现成地吸取经验,并获得有别于学校课程的"隐性发展"。正如杜威在《我的教育信条》第一条中所说:"一切教育都是通过个人参与人类的社会意识而进行的。这个过程几乎是在出生时就在无意识中开始了。它不断地发展个人的能力,熏染他的意识,形成他的习惯,锻炼他的思想,并激发他的感情和情绪。由于这种不知不觉的教育,个人便渐渐分享人类曾经积累下来的智慧和道德的财富。他就成为一个固有文化资本的继承者。世界上最形式的、最专门的教育确是不能离开这个普遍的过程。"[1]

正是在这样的语境下,我们认为,家庭教育(作为基础)、学校教育(作为主体)与社会教育(作为主导)构成了现代教育的三大支柱。同时,基于人、财、物等资源共享的"学校与社区互动"理应成为现代教育制度建设的

---

[1] 〔美〕约翰·杜威:《杜威教育论著选》,赵祥麟、王承绪译,中国社会科学出版社1994年版,第205页。

重要内容。或者说,学校教育与家庭教育合作,与社会教育兼容,必然成为教育发展的基本趋势。在这方面,美国走在了前头。1997年,美国教育部提出的《21世纪社区学习中心计划》明确要求公立学校延长开放时间,让社区的儿童和民众在放学后、周末和假期可以在其中学习和活动(包括利用图书馆和参加体育、文化等娱乐活动)。2000年,克林顿在其"学校改革之旅"中则提出《学校为社区中心:规划与设计公民抉择指南》,设想将学校建设成社区的学习中心,为社会提供健康安全的学习环境。在小布什政府颁布的《不让一个孩子掉队》法案中,也专门列出了关于建设"21世纪社区学习中心"(21st Century Community Learning Centers)的条款。至于奥巴马政府,在执政之初,却已经在种族、信仰尤其是社区教育和文化融合等方面设计了多套方案。

教育是一个具有整体性、开放性、生态性的复杂系统。关于环境对于儿童的深刻影响,本尼迪克特在《文化模式》中的表述非常生动:"每一个人,从他诞生的那刻起,他所面临的那些风俗便塑造了他的经验和行为。到了孩子能说话的时候,他已成了他所属的那种文化的小小造物了。等待孩子长大成人,能参与各种活动时,该社会的习惯就成了他的习惯,该社会的信仰就成了他的信仰,该社会的禁忌就成了他的禁忌。"今天,不仅仅是大学,中小学也不可能再是高墙深院中的"文化孤岛"。在传播能力方面,学校正遭遇各种文化传播主体日益强劲的挑战,除家庭之外,日益发达的大众传媒,诸如报纸、杂志、广播、录像、电视、电影等,尤其是网络技术的发展,在文化影响力上表现出硬是要"消解"学校的汹涌之势。在这种背景下,学校不仅要继承和弘扬优秀的民族文化,还要重视多元文化的融合和再生,构建核心价值观,使之成为支撑和谐社会的精神力量。

由此可见,人的一生,无可避免地会受家庭、学校、社会环境和诸多偶发事件的影响。孩子是社会的孩子,孩子是家庭和国家的未来。教育孩子,人人有责。但是,这些看似简单的道理,社会各界往往没有给予足够的重视。在我来看,"举全村之力,育一个孩子",不仅表达了一种教育理想,彰显了一种教育激情,还传递着一种教育智慧。仔细考察会发现,这句谚语与"新教育实验"所倡导的"教给孩子一生有用的东西""与人类的崇高精神对话"尤其与"共读共写共同生活"这一理念不谋而合,具有基本相同的立场和愿景。其中最根本也最凸显的特点就是,它们都具有一种清醒的"共同体"意识,都积极倡导教育影响的一致性、合作性。

关于"共同体"这一概念,现代社会学大师斐迪南·滕尼斯(Ferdinand Tonnies)最早在《共同体与社会》(*Gemeinschaft und Gesellschaft*)一书中进行过学理分析。在此书中,"共同体"(Gemeinschaft)主要用来描述一种基于协作关系的有机组织形式,一种特别的、理想的社会关系类型,一种相对于"人为状态"的"天然状态"的社群组织形态。在区别"共同体"与"社会"这两个概念时,滕尼斯认为,"共同体"的主要特征是它强调人际之间有着强烈的休戚与共的关系,而"社会"的主要特征是以多元文化为基础的松散的人际关系。本质上,"共同体"一词旨在表达人与人之间的亲密关系、共同的精神意识以及对特定社群的归属感和认同感。尤其需要留意的是,滕尼斯提出"共同体"这一概念时,所描绘的是一种理想生活,所强调的是本质意志,所揭示的是特定礼俗社区的精髓和实质。

在教育研究领域,"共同体"概念的使用可追溯到杜威的学校发展观。在《民主主义与教育》这本书中,他反复强调,学校并不是专门去学习知识或技能的一个场所,而是一个社会组织;学校教育是一种人与人交往、合作的社会生活,这种社会生活应该以"学习共同体"(learning community)的形式展开。后来,在《基础学校:一个学习化的社区大家庭》("The Basic School: A Community of Learning")这一报告中,厄内斯特·博耶尔(Ernest L. Boyer)更为细致地讨论了"学习共同体"概念。在他来看,一所行之有效的学校,最为重要的是建立起真正意义上的"学习的共同体"即所谓的"学习化的社区大家庭"。

此外,在《学习的快乐——走向对话》(*Pleasure of Learning：Toward Dialogic Practice*)一书中,日本学者佐藤学也援用了"共同体"概念,用以探讨学习的本质以及作为"学习共同体"的学校理念。在他来看,以"学习共同体"为范型的学校,是一种学生们共同学习的场所,是一种教师们作为专家共同发展的场所,是家长们和广大市民参与学校活动而相互学习的场所。在这种以"学习共同体"为蓝图的学校里,对于学生而言,以实现"活动性、合作性、表现性的学习"为课题;对于教师而言,以彼此观摩教学,建构作为专家一起成长的"同事性"为课题;对于家长而言,以协助教师、参与教学,实践"参与学习"作为课题。佐藤学曾经预言,作为这种"学习共同体"的学校的构想,是展望21世纪学校未来的产物,基于这种构想的学校改革作为一种"静悄悄的革命",将会形成本世纪教育改革的一大潮流。

反观当代教育改革实践,人们有时会将课堂、班级视为师生学习、交往的重要场所,有时也会将学校的使命定位在培养儿童的自主、合作与探究精神上。但是,人们一直缺乏一种明确的"共同体"意识,一直没有能够真正将学校作为一个学习型组织来建设,一直没有能够在课堂和学校内外构筑起一种共同体文化。另外,学校里一直缺乏以多样个性为精神特质的合作性学习,作为同事的教职工往往难以形成一种坦诚公正、客观批评、共同发展的良好氛围。至于家庭、学校以及社会机构之间的真诚交往和有效合作,往往只是空谈和形式。更糟糕的是,教师与学生、学校与社会、家长与教师常常会陷入一种疏离、漠视乃至对立的紧张关系之中。

实际上,人的教育与成长是一项极其复杂的系统工程,影响一个人成长与发展的因素有很多方面,而这些因素组合的理想模式就是"学习共同体""教育共同体"。从实体构成上来看,这里的共同体不但包括与受教育者有直接接触的人,诸如父母、教师、同学、朋友等,而且包括受教育者阅读或想象中的人,诸如英雄、伟人、先哲、科学家等。因此,每一个教育者都应该意识到,其个人或单一群体的影响力总是存在着一定的局限性,任何个人或组织只能是"教育共同体"中的一员,只有与其他成员积极配合才能真正承担起教育的伟大使命,才能真正享受到学习的快乐与教育的幸福。

毋庸置疑,教育是一项改进人生、创造幸福生活的集体活动,其根本目的在于为社会培养自主的个人,为个人营造一个理想的社会。我们都希望孩子们能比我们过得更好,能拥有一个理想的"地球村"。但遗憾的是,放眼望去,进入视野的不仅是全球回暖、水源稀缺,自然资源、生态环境不断遭受破坏,还有金融危机、恐怖主义、战争、核武器以及充斥着性和暴力的网络犯罪。人类的生存基础正面临着日益劣变的危险,人类的精神生活正被以物质攫取为主导价值的社会洪流所吞没。不得不承认,轻慢精神、拒绝崇高、放弃信仰,已渐渐成为一种普遍的社会现象。早在2006年,《环球时报》刊文预言,到2010年时,全世界的十大购物中心会有七家在中国。环顾身边,放眼全球,我们已身陷于一个过度消费而理想稀缺的时代。正如艾伦·布鲁姆在《走向封闭的美国精神》一书中所描述的那样:"现代人正在失去或者已经失去了价值抉择和权衡的能力,因而也就失去了他自身的根基和人性,由此可见,自我满足,顺应现实的愿望,寻求对问题的安逸解决,一整套福利国家的规划,这些恰恰表现了人在期望达到完美至善和自我超越的理想方面能力不足。"[①]在这样一个因追求"经济馅饼"而文化贬值的时代,不得不反思:我们如何才能保证所有的孩子快乐、健康地成长?我们该如何改造这个世界又能给孩子们留下一个怎样的世界?不仅如此,在全球化、信息化、后现代的浪潮面前,教育该如

---

① 〔美〕布鲁姆:《走向封闭的美国精神》,缪青等译,中国社会科学出版社1994年版,第205页。

何承担起自身的责任和使命？又该如何让我们的孩子获得安身立命的文化信念和精神支柱？

历史证明，一个民族或国家，如果忽视社会生活秩序及个体生命中精神的价值以及自由的重要性，就不可能指望在这种社会中成长起来的人去创造性地接受文化。我们相信，在一个社会中，如果没有共同的、具有广泛影响的精神信仰的话，这个社会的文化必然是外在的、死气沉沉的。因此，在经济全球化、世界一体化的21世纪，"举全村之力"这一教育理念比以往任何时候都更有意义，"共读共写共同生活"也比以往任何时候都更有行动价值。因为孩子们今天的幸福，明天的命运，直至人类社会的美好未来，都需要良好的教育来完成。

校训何以成为学校文化之魂

校训之于学校发展的意义,尤其是校训在学校文化建设中的作用,开始引起越来越多的教育理论工作者和学校管理工作者的重视。这是一件令人欣喜、快慰的事情。同时,我们也发现,在"何谓校训""何谓学校文化"尤其是"校训何以成为学校文化之魂"方面,目前尚缺乏比较到位的逻辑论证。而不弄清楚这三个问题尤其是这三个问题之间的内在关联,在学校文化建设方面的各种努力,包括各种形式的学校改革,往往流于形式,陷入一种盲目、随意的境地,甚至迷失了努力的基本方向。

一、何谓校训

从理论上讲,校训应该体现着一所学校的办学精神,应该像一根红线一样,贯穿着一所学校的历史和未来。确立真正属于自己的校训,是一所学校走向文化自觉的重要标志。但是,"校训"又是一个主观性、操作性非常强的概念。同一所学校的校训,因学校管理者的办学思想不一样,或者对学校层次和类型的定位不一致,往往存在不同的主张,甚至出现激烈争执的场面。遇到这种情况时,最好的办法就是回到问题本身上来——搞清楚"校训"这一概念的基本内涵究竟是什么。为了给实践者提供一个比较全面的参照,这里特别呈现几种比较权威、可靠的界说。

1.《辞海》:学校为训育上之便利,选若干德目制成匾额,悬之校中公见之地,是校训,其目的在使个人随时注意而实践之。

2.《汉语大词典》:学校为了进行道德教育方便,选择若干符合本校办学宗旨的醒目词语,作为学校全体人员的奋斗目标。

3.《当代汉语词典》:学校规定的对全校师生员工有道德教育作用,能代表学校精神,并用来劝勉学生奉行的训词。

4.《教育大辞典》：学校为树立优良校风而制定的要求师生共同遵守的准则。

5.《教育大辞书》：学校选定训练上所必要之若干德目，以一定之语句或文字，向学生（或学生之父兄及保护人）公表，定为该校之训育标的，是之谓校训。

6.《中国教育辞典》：学校为训育上的便利，选若干德目制成匾额，悬之校中公见之地，是为校训。其目的在使个人随时注意该种德目而实践之。制定校训，当择取：（1）德目之具有涵盖性者；（2）措辞鲜明易解；（3）针对本地及本校之需要。

7.《世界教育辞典》：校训是依据国家和地方教育委员会法定的教育目标，同时考虑各学校的历史、传统、地区性、学生的实情等条件，发挥学校的自立性而制定的具体教育方针。主要指涉及道德人格形成的教育观念。

其实，"培养怎样的人"和"怎样培养人"，一直是教育的两大根本问题，是任何学校都必须做出解答的问题，更是确立校训和建设学校文化时不得不给予回应的问题。研读、对比以上对于"校训"这一词目的7种释义，可以发现，作为一种特定的规范、信念和价值观，校训与德目选取、道德训诫、道德人格、训育标的、行为准则、教育目标、教育方针等直接关联，要义都在于优化学校育人环境，形成良好的师生精神风貌。而这与学校文化建设的价值追求无疑具有内在一致性。

二、何谓学校文化

要明白"学校文化"是什么，首先需要对"文化"内涵有所把握。关于文化，学界经常援引的是英国文化人类学家泰勒在1871年出版的《原始文化》中的定义："文化是包括知识、信仰、艺术、道德、法律、习俗和任何人作为一名社会成员而获得的能力和习惯在内的复杂整体。"①这种界说对我们思考学校文化具有重要的启迪作用。

但是,"学校文化"究竟是什么？皮特森(Kent D. Peterson)认为:"学校文化是一组规范、价值和信念、典礼和仪式、象征和事迹,这些因素构成了一所学校不同于其他学校的个性,正是这些不成文的因素随着时间的流逝促使教师、管理者、家长和学生一起工作,一起解决问题,共同迎接挑战和面对失败。"②以此为参照,学校的一切教育行为、教育设施和各种符号系统都承载着丰富的文化内涵。另外,通过广泛的定义比对可以发现,斯卡因(Schein)的观点与校训的精神意趣最为接近。他认为,学校文化就是"学校组织成员们无意识地共同分享的深层次的基本假定和信念,是成员们'理所当然地'看待自己组织的社会背景的假定和信念"③。显然,正是这些假定和信念决定着学校生活的基本方式。

其实,无论是校训还是学校文化,都是彰显学校魅力和办学品位的重要标识。在理论上,学校文化常常被划分为物质文化、制度文化、精神文化和行为文化四大块。但是,在讨论学校文化这个话题时,我更喜欢向对话者提出这样的追问:学校文化究竟在哪里？学校文化的载体有哪些？学校最美的地方在哪里？在我来看,一所学校可以美在一草一木、一砖一瓦、一桌一凳等硬件设施,即美在它的物质文化；可以美在政策文件、规章守则、奖惩条例等书面文字,即美在它的制度文化；还可以美在校歌、校训、校徽、校志等办学思想,即美在它的精神文化。但最难得的是,美在教风、学风,美在师生的言谈举止、日常交往等具体活动,即美在学校的行为文化。而最终能够将这一切文化形式统领起来的精神力量恰恰蕴含在一

---

① 〔英〕爱德华·泰勒:《原始文化:神话、哲学、宗教、语言、艺术和习俗发展的研究》,连树声译,广西师范大学出版社 2005 年版,第 1 页。
② Kent D. Peterson, Positive or Negative, *Journal of Statt Development*, 2003.
③ 张荣伟:《中国基础教育改革的对象与目标》,《课程·教材·教法》2015 年第 12 期。

所学校的校训之中。

三、校训不只是言辞

人们大都对一些名校的校训很感兴趣,而且有不少人专门做过搜集中外名校校训的工作。比如,大家都很熟悉北京大学的"自由、平等、民主、科学",清华大学的"自强不息,厚德载物",复旦大学的"博学而笃志,切问而近思",等等。从历史的角度来看,往往一所学校能走多远,它的校训也就能走多远。其实,无论是大学、中学还是小学,很多名校的校训之所以广为人知,原因就在于它往往与学校的文化、历史相连,且已被升华为学校精神生命的象征。人们大都承认,一所学校的特色、成就总是与其校训所倡导的价值、理念有着千丝万缕的联系。

校训之于学校发展的价值毋庸置疑。但是,在仰慕名校盛名的同时,我们不妨追问一下,那些名校的校训是不是适用于其他学校?或者说,是不是任何一所学校只要将北大、清华、复旦这样的校训直接移植过来,就会马上也成为名校?答案不言自明。事实上,如果校训不能转化为学校文化,不能上升为校风的话,无论言辞多么漂亮,都没有什么实际意义。也就是说,作为一种价值追求和行为规范,校训如果不能内化为师生员工的自觉行动的话,只能是一纸空文,最多纸上画画、墙上挂挂。然而,那些仅仅挂在嘴上、贴在墙上、印在宣传册上的校训,绝非真正的校训,也根本不可能成为学校文化的灵魂。

学校发展的历史告诉我们,作为对全校成员具有规范、警策和导向作用的口号,校训不应该仅仅限于言辞。相反,任何一所学校的校训,一旦确立后,都需要得到深入、持久、全方位的诠释,才可能真正入眼、入耳、入心,进而成为师生员工的主动追求。在这方面,尽管灵活性很强,没有统一的格式,但也有不少值得借鉴、学习的典范。比如,目前中小学教师已经比较熟悉的《春风化雨》(Dead Poets Society)和《蒙娜丽莎的微笑》(Mona Lisa Smile)这两部影片中,一些做法就非常富有启发意义。据我所知,凡是看过《春风化雨》的观众,都对威尔顿学校开学典礼上师生共同演绎、齐声吟诵校训的宏大场面,记忆深刻。尤其是校长对于"传统(tradition)、荣誉(honor)、纪律(discipline)、卓越(excellence)"四大理念的阐释,非常深刻地揭示了校训之于学校发展的核心价值。作为一所百年老校,"第一届,威尔顿学校有5位毕业生。去年,则有51人毕业,其中,超过75%的毕业生申请到了常春藤联盟的大学。这种成就,正是我们积极践行四大理念的结果。否则,我们不可能成为全美国最好的大学预备学校,也不可能有那么多家长送孩子来本校就读。"当校长结束这一段演说词的时候,迎来的是学生、家长和老师们经久不息的掌声。

同样,凡是看过《蒙娜丽莎的微笑》的观众,也都会对卫斯理女校开学仪式上独具匠心的校训提醒方式,赞叹不已。镜头如下:

学校礼堂的大门紧闭。里面,教师们身着学位服,肃立于校长身后。外边,同学们纷纷奔向礼堂。此时,一位女生走到大门前,打开木盒,取出锤子,连续敲击大门。

校长说:"谁在敲击求知的大门?"

女生说:"我代表每一位女性。"

校长说:"你要寻找什么?"

女生说:"通过勤奋学习唤醒自己的灵魂,并将生命献给伟大的知识。"

校长说:"欢迎您,那些怀有共同理想的女性都可以进来,并且我宣布,新学年开始了。"

接着,大门缓缓展开,阳光普照,老师们面带微笑,学生们淡定、从容地走了进来。同时,钟声悠扬,一群白鸽飞向自由的天空……

纵观中外名校，校训总是表现为师生共同遵守的行为准则和道德规范，而且常常成为师生不断超越自我的力量之源。这里之所以描述两部影片中基于校训的精彩镜头，意在强调，校训不是形式主义的繁文缛节，也不是言之无文的华丽辞藻，而是一所学校的办学理念、育人目标和价值追求，而且只有被全体成员牢记和践行，渗透到学校的课程、教学、游戏、庆典、娱乐、交往中，才能发挥其文化引领的航标功能。总之，教育在本质上是一种守护文化、传承文化和创造文化的活动，学校在本质上是一种特殊的文化组织和文化基地。作为教育思想和文化精神的集中表述，校训是学校的历史之钥，也是学校的文化之窗，更是全体成员的精神气质。正因为如此，当我们评价一所学校的校训和文化时，不但要"听其言"，而且要"看其行"。

教育方法论

- 教育的三个层次：体、智、魂
- 个体生命的存在形式及其教育学意义
- 个人生命力的基本结构及其教育学意义
- 我国基础教育阶段开展哲学教育的本体论意义
- 论"教"与"学"的五种关系范型
- 当一名好教师的四个要件
- 重申"教师是人类灵魂的工程师"
- 卑微的生存境遇与崇高的精神追求

教育的三个层次:体、智、魂

教育是一项心灵的事业,有时又叫塑造灵魂的事业。但什么是灵魂呢?这个灵魂不是一般讲的魂灵,但似乎没有人会说"我是一个没有灵魂的人"。有一句英语名言:A sound soul dwells within a sound mind and a sound body,翻译成中文就是,一个健全的灵魂寓于健全的心智和健全的身体之中。我们的身体需要吃好、穿好、住好,这是肉体的生命之需。我们每个人都有自己的心智,教育就是发展学生的心智,但心智的价值是什么呢?就是"思"。灵魂需要的就是"爱"。学生有好思、好学、好问的天性,教师就应该善思、善学、善问。教育就是要很好地呵护这种好思、好学、好问的天性。生命哲学,就是生命之思、生命之学、生命之问。生命教育就是教师和学生在交往活动过程中,一起进行对生命的思、学、问。

生命教育最重要的就是生命意识与存在意识。其中,第一是健康意识——"知足第一富,无病第一贵";第二是发展意识——"少壮不努力,老大徒伤悲";第三是自由意识——"人,诗意地栖居在大地上";第四是时间意识——"逝者如斯夫,不舍昼夜";第五是死亡意识——"天地有万古,此身不再得"。

人之为人,其存在形式有三个基本向度:身体、心智和灵魂。其中,身体属于人的物质性存在,心智和灵魂属于人的精神性存在。在现实生活中,人是一种身体性存在,但更是一种精神性存在。身体是心智和灵魂存在的前提、基础,心智和灵魂是身体存在的意义和价值。人与人的共同之处在于身体层面的本能和欲望,人与人的不同之处在于心智和灵魂层面的精神追求。人的身体结构和物质组成基本相同,遵循生物进化的基本法则;人的心智结构和发展潜力也没有多大差别,关键在于后天环境和受教育水平;唯有人的灵魂的独特性,才属于人与人之间的根本差异。如果将身体和心智视为灵魂的寓所,那么栖居于其中的千差万别的灵魂,又似乎具有共同的人性意义和神性价值，并不存在本质上的差异和不同。总之，人是身体、心智和灵魂的统一体，尽管三者的层次不同，但没有必要厚此薄彼。身体健美、心智健全、灵魂高贵，皆属于人性的基本追求。

心智的意义在于思考，身体的意义在于行动，灵魂的意义在于驾驭思考和行动。中华文化中讲的"慎思"和"修行"，就是灵魂或者说个体生命存在的两种基本形式。身体是灵魂的最佳写照，眼睛是灵魂的窗口。那么，是否能从眼睛、从身体、从言行来思考，灵魂在哪里呢？臧克家在诗歌《有的人——纪念鲁迅逝世十三周年有感》中写道："有的人活着，/他已经死了；/有的人死了，/他还活着。"为什么有的人活着，他已经死了？因为他没有了灵魂。有的人死了，为什么他还活着？活着的其实就是他的灵魂。但如何保证这个活着的灵魂继续活着？这值得我们思考。但最基本的形式，可能就是生命个体立下的德、立下的言、立下的行。

《菜根谭》中有一句话："天地有万古，此身不再得；人生只百年，此日最易过。幸生其间者，不可不知有生之乐，亦不可不怀虚生之忧。"这里做一个阐释，我们的身体都需要衣食住行，都会生老病死。我们的心智在运算，我思故我在。然后是灵魂，有的人死了，他还活着，活着是因为他曾经立德、立言、立行。德、言、行就是灵魂存在的基本形式。按照中华文化对人生、对生命存在形式的思考，个体生命的发展轨迹就是格物、致知、诚意、正心，就是修身、齐家、治国、平天下。这可以理解为每一个个体生命存在或发展的基本逻辑，需要进一步思考的是，在这个发展逻辑当中，教育能做些什么？

我一直认为，教育有三个层次：身体之育、心智之育、灵魂之育，即体、智、魂。教育首先应该指向身体。身体是载知识之车，育品德之舍，没有一个健康的身体，整个生命就失去了很多机会，失去了很多意义。我很喜欢毛泽东《体育之研究》中的这段话："体者，为知识之载而为道德之寓者也。其载知识也如车，其寓道德也如舍。体者，载知识之车而寓道德之舍也……体育之效,至于强筋骨,因而增知识,因而调感情,因而强意志。筋骨者,吾人之身;知识、感情、意志者,吾人之心。身心皆适,是谓俱泰。故夫体育非他,养乎吾生、乐乎吾心而已。"①那么,教育应该怎样来观照人的身体呢?《孝经·开宗明义章》中写道:"身体发肤,受之父母,不敢毁伤,孝之始也。立身行道,扬名于后世,以显父母,孝之终也。夫孝,始于事亲,中于事君,终于立身。"生命教育首先要让学生爱惜自己的生命,爱惜动物,爱惜植物,爱惜他人的生命。对生物敬畏,首先是珍惜自己的生命。

印度哲学家克里希那穆提,在《我们需要怎样的教育》中有这样一段论述:"我不知道有多少人问过自己受教育的意义是什么?我们为什么要上学?为什么要学习各种科目?为什么要参加考试,和同学比得分高低?所谓的教育究竟含有什么意义?它涵盖了什么?这实在是一个非常重要的问题。我们不只是为学生质疑这个问题,同时也跟父母、教师以及所有热爱地球的人,共同来探究这个问题。"②印度的教育和中国的教育有很多类似的地方。我们必须回答克里希那穆提的问题:为什么要通过竞争来受教育?难道受教育只是为了通过几项考试,得到一份工作?还是为我们在年轻时奠定基础,以便了解人生的整个过程?获得一份工作来维持生计是必要的,然而这就是一切吗?难道我们受教育就是为了这个目的?

让每个学生享受劳动的快乐,让每个学生形成正确的劳动观,这可能是最重要的教育内容,职业生涯教育尤其如此。职业生涯教育很重要的一点,就是让学生正确地认识劳动,让学生知道,人的一生是需要劳动的,无论是体力劳动,还是脑力劳动,劳动本身是快乐的,都是有价值、有意义

---

① 《毛泽东早期文稿》,中共中央文献研究室、中共湖南省委《毛泽东早期文稿》编辑组编,湖南出版社1990年版,第66—67页。
② 克里希那穆提:《我们需要怎样的教育》,《教育观察》2013年第12期。

的。我相信：如果活着只是为了谋生，我们就失去了整个生命的重点。我还相信：去了解生命本身，比只是准备考试、精通数学或其他科目重要得多。我更相信：除非教育能帮助你了解广大生命的所有精微面——它惊人的美，它的哀愁及欢乐，否则教育是没有什么意义的。我们必须清醒地知道：教育是为生命服务的，教育应该让人拥有智慧，拥有智慧才能正确地面对人生中的各种磨难、苦难、恐惧，然后走向生命的自由状态。同时，教育本身应该在一种自由的状态中展开，身体的自由、心智的自由、灵魂的自由。

我们常说，教师是人类灵魂的工程师。如果说人的灵魂是可以塑造的，那么是教师塑造，父母塑造，还是自我塑造？在个体灵魂塑造的过程中，教师应该扮演何种角色？魂育就是在教育教学中让学生形成正确的信仰系统、价值系统和意义系统，我们可以考虑开设关于价值教育的课程。生命的单纯与美好，在于灵魂（内心）的安定与从容。他可以靠他健康的身体、健全的心智、正确的价值系统，去过一种有尊严的生活，一种幸福完整的生活。

每个生命都是身体、心智和灵魂的统一体。所谓"育人为本"，强调的就是教育的生命自觉性，教育要关注人的身体、人的心智和人的灵魂。教育关注人的身体，最通俗的说法就是体育，强健身体。教育关注人的心智，就是智育，发展心智。教育关注人的灵魂，就是德育，塑造灵魂。简言之，教育应该强健人的身体、发展人的心智、塑造人的灵魂，应该朝向而不是阻碍个人生命存在的自由状态，应该适于人的身体、适于人的心智、适于人的灵魂，应该成全人的身体、成全人的心智、成全人的灵魂。

从个体生命的存在自觉到教育活动的生命自觉，从人的全面发展到教育以人为本，其核心思想在于：第一，教育要面向人的身体、适于人的身体和成全人的身体；第二，教育要面向人的心智、适于人的心智和成全人的心智；第三，教育要面向人的灵魂、适于人的灵魂和成全人的灵魂。

个体生命的存在形式及其教育学意义

教育在本质上是一项成全生命的事业,教育学在本质上是一门成全生命的学问。成全生命的教育可谓生命教育或生命化教育,成全生命的教育学可谓生命教育学或生命化教育学。但是,何谓生命,生命具有何种形式和意义?教育何以成全生命,教育在何种形式和意义上成全生命?仁者见仁智者见智,目前尚未达成基本共识,亟待全面梳理和深入讨论。

一、个体生命存在的多样性

人的个体生命的存在是全部人类历史的第一前提。人是天地之中最自觉、最自主和最具反思性的动物。马克思说:"动物和它的生命活动是直接同一的,动物不把自己同自己的生命活动区别开来。它就是这种生命活动。人则使自己的生命活动本身变成自己的意志和意识的对象。"[1] 关于人类个体生命的存在形式问题,大致存在着"二元对立论""二元一体论""一体多元论"三类观点。

(一)个体生命存在的二元对立论

在东西方文化中,身与心均被视为个体生命存在的重要形式。相比较来看,关于个体生命存在的二元对立论,属于西方生命哲学的核心内容。这种二元对立论的源头可以追溯到苏格拉底和柏拉图。苏格拉底最先把生命二分为身体和灵魂,并认为只有灵魂成为身体的主人,人才可能拥有真正的幸福。柏拉图也认为身体与灵魂是对立的,持有肉体与精神二分、感性与理性二分的观点。在柏拉图来看,身体如同牢笼一样束缚着

---

[1]《马克思恩格斯全集》(第42卷),人民出版社1979年版,第96页。

人的灵魂,而且灵魂只有摆脱肉体才可能获得理性的光芒。他在《斐多篇》中指出:"当我们还有肉体的时候,当我们的灵魂受肉体的邪恶所污染的时候,我们永远无法完全得到我们所追求的东西——真理。因为肉体需要供养,使我们忙个没完没了,要是一旦生病,更妨碍我们追求真理。肉体又使我们充满爱情、欲望、恐惧,以及种种幻想和愚妄的念头,所以他们说,这使我们完全不可能去进行思考。"①因此,"如果想要认清任何事物,我们就得摆脱肉体,单用灵魂去观看事物本身"②。

纵览西方文化,人的生命价值一直与理性和灵魂紧密关联,身体长期处于被漠视和贬损的境地,而人的精神却拥有至高无上的地位。古罗马宗教哲学家圣·奥古斯丁曾经感慨:"从亲身的体验中,我领会到了所谈的'肉体与精神相争,精神与肉体相争'的意义。我正处于双重战争之中……"③可以说,从柏拉图的灵魂学说到笛卡尔的"我思故我在",从康德的三大批判到黑格尔的绝对理念,理性之光普照了西方哲学的各个角落,取得了无可置疑的话语霸权。在他们来看,生命即精神或理性,只有达至理性高度或进入精神境界,人的生命价值才可能得以实现。

比较复杂的是,从 19 世纪开始,西方哲学家们的眼光发生了根本性转向,开始普遍关注人的身体问题。比如,叔本华宣称"我的身体与我的意志就是同一个事物"④,尼采断言"我完全是肉体,此外什么也不是;而灵魂只是肉体上某一部分的名称"⑤,梅洛-庞蒂声明"身体自身及其器官

---

① 〔古希腊〕柏拉图:《柏拉图对话录》,水建馥译,商务印书馆 2013 年版,第 122 页。
② 〔古希腊〕柏拉图:《柏拉图对话录》,水建馥译,商务印书馆 2013 年版,第 123 页。
③ 〔古罗马〕圣·奥古斯丁:《忏悔录》,周士良译,商务印书馆 1963 年版,第 90 页。
④ 金惠敏:《身体作为同一的认识者和被认识者——论叔本华对自在意志的探询》,《中国人民大学学报》2000 年第 5 期。
⑤ 〔德〕尼采:《查拉图斯特拉如是说》,中华书局 2013 年版,第 31 页。

始终是我的意向的支撑点和载体"①,一致认同人的身体结构对认知结构和行为结构的决定性作用。不难发现,很多当代西方哲学家"尽管其在路径选择上姿态横出,各有持守,如叔本华将身体意志化,尼采将身体权力化,弗洛伊德将身体欲望化,马克思将身体实践化,福柯将身体规训化等。然而,在'身心相合'这一身体态度上,他们可谓殊途同归"②。这种从身心对立、扬心抑身走向身心相合乃至身体至上的人学观,为我们审视中国文化中个体生命存在的二元一体论提供了很好的理论参照。

(二) 个体生命存在的二元一体论

关于个体生命存在的二元一体论,属于中国生命哲学的核心内容,其中先秦儒家学说堪称经典。其基本思想为:人的身心是一个整体,心为生命之本,身为生命之用,个体生命的理想状态是身心和谐统一。

在孔子来看,身体是孝亲、事君、成仁的根本依据,所谓"事父母能竭其力,事君能致其身"(《论语·学而》),"志士仁人,无求生以害仁,有杀身以成仁"(《论语·卫灵公》)。孔子认为,身体不但能让人生敬畏之心,"正其衣冠,尊其瞻视,俨然人望而畏之"(《论语·尧曰》),而且能够发挥榜样示范效应,"其身正,不令而行;其身不正,虽令不从"(《论语·子路》)。为此,孔子特别看重身体行为"礼"的规劝和教化意义,强调"非礼勿视,非礼勿听,非礼勿言,非礼勿动"(《论语·颜渊》),并将"吾日三省吾身"视为君子的必修课,强调"三人行,必有我师焉,择其善者而从之,其不善者而改之"(《论语·述而》)。

在孟子来看,天命是生命的本源,身、心是生命的结构,心比身更重

---

① 〔法〕莫里斯·梅洛-庞蒂:《行为的结构》,杨大椿译,商务印书馆2005年版,第278页。
② 李有强:《先秦儒家身体观及其体育思想的阐释与反思》,《体育科学》2014年第9期。

要,但爱惜身体却是人的本能。"人之于身也,兼所爱。兼所爱,则兼所养也。无尺寸之肤不爱焉,则无尺寸之肤不养也。"(《孟子·告子上》)孟子主张性善论,并提出了通过养心、养气等方法,不断提升生命境界,最终回归生命本源。他认为,人天生具有恻隐、羞恶、恭敬、是非四心,分别与仁、义、礼、智对应,只有"存其心,养其性",身体才能够得到养护,所谓"君子所性,仁、义、礼、智根于心,其生色也睟然,见于面,盎于背,施于四体,四体不言而喻"(《孟子·尽心上》)。相反,若不能养好本心,守住本性,身体则难以保全,所谓"天子不仁,不保四海;诸侯不仁,不保社稷;卿大夫不仁,不保宗庙;士庶人不仁,不保四体。今恶死亡而乐不仁,是犹恶醉而强酒"(《孟子·离娄篇》)。

在荀子来看,凡事应以礼仪为尺度,以"得当"为准则,所谓"君子行不贵苟难,说不贵苟察,名不贵苟传,唯其当之为贵"(《荀子·不苟》)。与孔子的"舍生取义"和孟子的"以身殉道"不同,荀子反对极端苛刻的"忘身"之行,所谓"行其少顷之怒而丧终身之躯,然且为之,是忘其身也"(《荀子·荣辱》)。他还认为,"轻死而暴,是小人之勇也……重死持义而不挠,是士君子之勇也"。就身体本性而言,荀子指出"饥而欲食,寒而欲暖,劳而欲息,好利而恶害,是人之所生而有也……目辨白黑美恶,耳辨音声清浊,口辨酸咸甘苦,鼻辨芬芳腥臊,骨体肤理辨寒暑疾养,是又人之所常生而有也"(《荀子·荣辱》)。他同时强调"若夫目好色,耳好声,口好味,心好利,骨体肤理好愉佚,是皆生于人之情性者也"(《荀子·性恶》)。为此,荀子呵护身体的"治气养心之术"就是节制欲望,排除"忧恐",让人心达至"平愉"的状态。所谓"心平愉,则色不及佣而可以养目,声不及佣而可以养耳,蔬食菜羹而可以养口,粗布之衣、粗纱之履而可以养体,屋室、芦庾、葭槀蓐、尚机筵而可以养形"(《荀子·正名》)。

综上可见,与西方生命哲学不同,我国先秦儒家思想体系中并没有出现"二元对立"的思想,"身心相合""天人合一"一直被视为最理想的生命存在方式。"西方哲学主流基本上把身体界定为机械性或情欲化的肉躯,适处于心灵、精神、灵魂的反面,情欲身与理智心的分裂极为突出。古中国虽不乏以心抑身的理念,但身心一体、心物一如才是本来面目,不存在与心无关的'身',也不存在可以将身躯、欲望、情感都剔除掉的'心'。"[1]不仅如此,直至宋元明清时期,尽管出现了"格物穷理"(朱熹)、"心即理"(陆九渊)、"心外无理"(王守仁)、"理在其中"(王廷相)、"气外无理"(黄宗羲)、"气者理之依"(王夫之)、"理存于欲"(戴震)等不同的认识论主张,但就其人性论立场而言,均未将身和心视为对立的二元存在。

(三) 个体生命存在的一体多元论

无论是人的生理、心理、认知、精神方面,还是人的行为、价值、物质、社会方面,都是极其复杂而多元的。关于个体生命存在的"一体多元论",主要有"一体二元论""一体三元论"和"一体四元论"三种说法。

首先,个体生命存在的"一体二元论"中的"二元",与前文"二元对立论""二元一体论"中的"二元"不同。此处的"二元"不再是传统的身、心二元,而是对个体生命类别、归属或境界的"二元"划分和描述,诸如种生命与类生命、个体生命与社会生命、物质生命与精神生命、自然生命与文化生命、自在生命与价值生命、本能生命与智慧生命等。在众多的"一体二元论"中,比较典型且影响较广的当数基于"种生命"和"类生命"的生命存在论。这种生命论强调,人具有种生命和类生命双重生命,种生命为人和动物所共有,类生命则为人所独有。"人除了与动物相同的生命以外,还有着与动物不同的生命。我们应当从两重性的观点去理解人的'本性',也必须以同样的观点去理解人的'生命',即把人看作有双重生命的

---

[1] 周与沉:《身体:思想与修行——以中国经典为中心的文化观照》,中国社会科学出版社2005年版,第13页。

存在：他既有被给予的自然生命，又有着自我创生的自为生命。我们可以称前者为'种生命'，称后者为'类生命'。"①由此可见，人是"种生命"和"类生命"的统一体，其中"种生命"彰显人的自然属性、生物属性；"类生命"彰显人的社会属性、文化属性。同时，人的"类生命"以"种生命"为前提和基础，没有"种生命"的孕育和生长，就没有"类生命"的存在和发展，而"类生命"是对"种生命"的突破和超越，不断实现着人的意义和价值。

其次，在认同人的自然属性和社会属性的基础上，个体生命存在的"一体三元论"所强调和彰显的是人的精神属性。我们知道，人首先是一种自然存在物，具有自然属性或者叫自然生命(natural life)。但是，人又是一种社会存在物，具有社会属性或者叫社会生命(social life)。所谓社会生命，即"人的自然生命活动所发生的外部社会影响和效应，主要指人的现实活动对他人、组织、民族、国家及生态等外部社会对象、环境系统所产生的作用、效果和价值，包括道德意义、经济效益、政治影响、人际作用等内容，其关键与核心是人的社会价值与社会贡献"②。毋庸置疑，一个人的社会交往能力越强，社会价值和社会贡献越大，社会影响就越广泛，社会生命也就越久远。"一个人对人类社会与文化发展做出不可磨灭的贡献，并且给后人留下不可磨灭的效用与记忆，则其有限的个体生命就跨越了时空融入了无限的人类生命，这也就意味着个体超越了自然死亡而达到了不朽的境界。"③这里所谓"不朽的境界"，其实就是个体生命的精神境界。

事实上，如果将一个人的生命视为一段又一段旅程，这一段段旅程的意义就在于与新的他人相遇，与新的世界相遇，与新的自我相遇。正是这一段又一段旅程延伸了生命的长度，正是这一次又一次相遇拓展了生命

---

① 高清海：《哲学文存》(第1卷)，吉林人民出版社1997年版，第5页。
② 王忠武：《三重生命与长生策略》，《江汉论坛》2011年第2期。
③ 王忠武：《三重生命与长生策略》，《江汉论坛》2011年第2期。

的宽度,正是这一段段旅程和一次次相遇奠定了生命的高度。如果说自然生命重在长度而社会生命重在宽度的话,精神生命(spiritual life)无疑就重在高度。这里需要注意的是,人的精神与人的身体并不对立,所谓精神之生命即灵魂之生命,它对人的自然生命和社会生命具有无限的包容性和超越性。"精神既不是一个'部分',也不是一种特殊的功能。它有包容一切的功能,存在结构之所有因素都参与其中。作为精神的生命,人只能在人之中,才完全实现了存在之结构。"①如果说自然生命呈现人的"本我"状态,而社会生命呈现人的"自我"状态的话,那么精神生命作为全部生命的结晶与升华,所呈现的就是人的"超我"状态。

最后,就个体生命存在的"一体四元论"而言,最具代表性的当属冯友兰在《新原人》中阐释的观点。在这本书中,他从生命存在的基本问题出发,根据个人对外界事物"觉解"的程度不同,划分出四种不同的生命境界,分别是自然境界、功利境界、道德境界和天地境界。其中,自然境界和功利境界是每个人皆可抵达的境界,道德境界和天地境界则要经过后天培养方能达到。他认为,从自然境界到天地境界是一个渐进上升的过程,但个体的生命境界只与"觉解"程度直接相关,与个体行为并没有必然的联系,而哲学的任务就是教人超越自然境界和功利境界,最终达到道德境界和天地境界。"一个人,因其所处底境界不同,其举止态度,表现于外者,亦不同。此不同底表现,即道学家所谓气象,如说圣人气象、贤人气象等。一个人其所处底境界不同,其心理底状态亦不同。此不同底心理状态,即普通所谓怀抱、胸襟或胸怀。"②总之,冯友兰将天地境界作为人生境界的最高阶段,而且只有处于天地境界中的人才配得上"圣人"这一称谓。

---

① 张曙光:《生存哲学——走向本真的存在》,云南人民出版社2001年版,第199页。
② 冯友兰:《新原人》,北京大学出版社2014年版,第67页。

二、个体生命存在的三种形式

在综合"二元对立论""二元一体论""一体多元论"这三类观点的基础上,笔者试图对个体生命存在的"三元一体论"进行阐释,即将个体生命分为身体(body)、心智(mind)和灵魂(soul)三个相互依赖而又相对独立的部分。"三元一体论"认为,人之为人,其存在形式有三个基本向度:身体、心智和灵魂。具体而言,人既是一种物质性存在,也是一种精神性存在,每个人都是身体、心智和灵魂的统一体。其中,身体属于人的物质性存在,心智和灵魂属于人的精神性存在。身体是心智和灵魂存在的前提和基础,心智和灵魂是身体存在的意义和价值。

(一) 基于身体存在的个体生命观

每个人都有属于自己的身体。人的身体既有自在性的一面,又有自为性的一面。具有自在性的身体可称为"自在性身体",具有自为性的身体可称为"自为性身体"。

所谓"自在性身体",其实就是人的肉身、躯体,就是人的四大组织(上皮、结缔、肌肉、神经)和八大系统(运动、神经、内分泌、循环、呼吸、消化、泌尿、生殖),就是"由那没有被任何知觉、观念、理念和理性因素所渗透的自然生成的,且是由纯的血肉、结构、情感和思维等要素共同建构的一个整体性的肉体。它是自然界长期发展进化的结果,包含着它所显现的全部的和自然的禀赋"[1]。可见,"自在性身体"所强调的是身体的先天性、自然性,生物学、解剖学、生理学已在这方面积累了极其丰富的知识。

---

[1] 张之沧、张尚:《身体认知论》,人民出版社2014年版,第23—24页。

所谓"自为性身体",乃是"自在性身体"的进化和发展。"自为之本质就在于它的能动的生存性;就在于通过事先分析、构思和谋划所包含着存在的存在,即我们所是的存在者来揭示存在的意义,展示存在的本质和规律,决定生存的方向,指导生存的轨迹,由此,通过自我意识的'出神的谋划',身体便超越自在之存在,进入自为之存在。"①可见,"自为性身体"所强调的是人的后天性、社会性和自主性。"只有当我实现身体的功能,我是走向世界的身体,我才能理解有生命的身体的功能。"②这应是对"自为性身体"生命内涵最简洁的概括。

相比较而言,人的"自在性身体"有一个自然发育和不断成熟的过程,而人的"自为性身体"是后天引导、开发、塑造和努力的结果。《孝经·开宗明义章》:"身体发肤,受之父母,不敢毁伤,孝之始也。立身行道,扬名于后世,以显父母,孝之终也。夫孝,始于事亲,中于事君,终于立身。"此处,"身体发肤"属于"自在性身体",而"立身行道"属于"自为性身体"。就其根本而言,"自在性身体"是个体生命存在的前提条件,是个体感觉、认知、实践和创造等自为性活动的基础和源泉。《菜根谭》:"天地有万古,此身不再得;人生只百年,此日最易过。幸生其间者,不可不知有生之乐,亦不可不怀虚生之忧。"这段话既指明了"自在性身体"之于个体生命的前提性、基础性和有限性,又强调了"自为性身体"之于个体生命的意义性、价值性和超越性。

(二) 基于心智存在的个体生命观

每个人都有属于自己的心智。人的心智包括心性和智性两个方面。其中,心性反映的是人的情感和意志状况,智性反映的是人的认知和觉悟

---

① 〔法〕莫里斯·梅洛-庞蒂:《知觉现象学》,姜志辉译,商务印书馆2001年版,第109页。
② 张之沧、张禹:《身体认知论》,人民出版社2014年版,第32—33页。

程度。在现实生活中,那些心性一面较强,即情感性、意志性凸显的人,常被称为感性人或性情人,那些智性一面较强,即认知性、觉悟性凸显的人,常被称为知性人或理性人。

人的心智和人的身体一样,既有自在性的一面,又有自为性的一面。具有自在性的心智可称为"自在性心智",具有自为性的心智可称为"自为性心智"。"自在性心智"所强调的是心智的先天性、遗传性,它是个人发展潜力的根本所在。"自为性心智"所强调的是心智的后天性、文化性,它是个人受教育水平的重要标志。人的心智和人的身体一样,也有一个不断发展的过程,也是自然成熟和后天塑造的共同结果。就个体心智的心性发展而言,涉及情感、意志、兴趣、性格、动机、信念等诸多非智力因素。就个体心智的智性发展而言,涉及注意、观察、想象、记忆、运算、判断等诸多智力因素。人的心智发展是智力因素和非智力因素的综合性、统一性发展。

有必要强调的是,人的各种心智活动通常被视为头脑的基本功能,但人们往往忽视了头脑仅是身体的一个组成部分,而身体又总是处于特定的自然环境和社会环境之中这一客观事实。科学研究表明,人脑和身体的各个部分是一个不可分割的有机整体,无论是简单还是复杂的心智活动,都需要头脑和身体的共同参与。笛卡尔说"我思故我在",帕斯卡尔说"人是一棵会思考的芦苇",孟子说"心之官则思,思则得之,不思则不得也"。仅以人们熟知的思维活动为例,它的"发生地"并不在"心",但也不全在"脑",它"并非人类那精密的大脑所独有的以及单独发生作用的能力,而是活的身体在与世界永无止境的互动过程中发展起来的一种能力。正是身体焕发出思的冲动,进行思的活动,增进思的能力"[1]。就其本质而言,人的心智活动并非简单、机械地发生于封闭的头脑内部,而是发生

---

[1] 张之沧、张甚:《身体认知论》,人民出版社2014年版,第270页。

于由头脑、身体、自然环境和社会环境所构成的特殊场域之中。在这个特殊场域之中,人的心智活动不仅受制于头脑,同时还受制于身体所处的自然环境和社会环境以及当时的身体感觉(包括视觉、听觉、嗅觉、触觉、味觉等)。其中,个人的头脑及其身体状况属于心智活动的内部场域,自然环境和社会环境属于心智活动的外部场域。人的心智活动因为受自己头脑和身体状况的影响而具有内感受性的一面,同时又因为受自然环境和社会环境的影响而具有外感受性的一面。人的心智活动是一种兼具内感受性和外感受性的整体活动。

（三）基于灵魂存在的个体生命观

每个人都有属于自己的灵魂。人之所以成为万物之灵而如此高贵,就因为人能够发现自己的灵魂和驾驭自己的灵魂,并进而驾驭自己的心智和身体。"一个人唯有用自己的头脑去思考,用自己的灵魂去追求,在对世界的看法和对人生的态度上自己做主,才是真正做了自己的主人。"[1]同为个体生命,人与人的相近之处在于身体层面的本能和欲望,人与人的本质区别在于心智水平和灵魂高度。

相对于人的灵魂而言,人的身体包括人的心智,都只是表现个体生命的基本工具而已。"我们的身体也只是物质,我们的生命,仅是借身体而表现,我们凭借身体之一切活动与作为,而使生命继续地向上与前进。"[2]就身体活动和个体行为的本质而言,本能和欲望构成个体生命的原始动力,心智和灵魂决定个体生命的整体方向。"我们与其说身体是我们的生命,不如说我们的一切活动与行为才是我们的生命。至少我们可以说,生命并不表现在身体上,而是表现在身体之种种活动与行为上。我们只是

---

[1] 周国平:《人生哲思录》,上海辞书出版社2011年版,第368页。
[2] 钱穆:《人生十论》,广西师范大学出版社2004年版,第26页。

运用我们的身体来表现我们的一切活动与行为,换言之,则是表现我们的生命。"①进一步来说,不但人的身体结构和身体机能大致相同,遵循生物进化的一般法则,而且人的心智结构和发展潜力也没有太大差异,关键在于后天环境和受教育程度,唯有那决定生命姿态和生命走向的独特的灵魂,才能标示人与人之间的根本不同。

值得深思的是,人的灵魂与人的身体、人的心智一样,也有自在和自为两面性,既有自为的社会性、世俗性、道德性的一面,又有自在的先天性、宗教性、终极性一面。不难发现,如果将人的身体视为人的灵魂寓所的话,那一个个栖居于身体之中的自在性灵魂,又似乎具有相同的人性意义和神性价值,并没有什么高低贵贱之别。英国文学名著《简·爱》中有一段经典表白:"你以为,就因为我贫穷,低微,不美,矮小,我就既没有灵魂,也没有心吗?——你想错了!我跟你一样有灵魂,——也完全一样有一颗心!"②这里所谓"一样有灵魂"和"一样有一颗心",所强调的正是人之为人的灵魂的自在性,或者说每个人都拥有与生俱来的"自在性灵魂"。

从宗教的角度来说,人的"自在性灵魂"属于上帝,只有上帝才能看清道明,因而有人信也有人不信,但其本身与人的自为性灵魂并不矛盾,不应成为回避或否认"自为性灵魂"的理由。"人不只有一个肉身生命,更有一个超越于肉身的内在生命,它被恰当地称作灵魂……在一定意义上,人生觉悟就在于透过社会堆积物去发现你的自然生命,又透过肉身生命去发现你的内在的生命,灵魂一旦敞亮,你的全部人生就有了明灯和方向。"③此处有必要强调的是,灵魂不是魂灵,更不是鬼魂。"灵魂是人的精神生活的真正所在地,在这里,每个人最内在深邃的自我直接面对永

---

① 钱穆:《人生十论》,广西师范大学出版社2004年版,第24页。
② 〔英〕夏洛蒂·勃朗特:《简·爱》,吴钧燮译,人民文学出版社1990年版,第270页。
③ 周国平:《人生哲思录》,上海辞书出版社2011年版,第366页。

恒,追问有限生命的不朽意义。"①臧克家在纪念鲁迅的诗歌中说:"有的人活着,/他已经死了;/有的人死了,/他还活着。"就这里的两种人而言,不论是"活而已死"(所谓行尸走肉)还是"死而不亡"(所谓精神不朽),诗人所强调并试图阐释的都是人的灵魂存在的自为性。因此,如果说心智的意义在于思而身体的意义在于行,那么灵魂的意义就在于驾驭思和行,慎思和修行是灵魂自为性存在的最好说明,也是个体生命和人格得以完善的两种基本途径。从中国文化传统和生命哲学的角度来看,基于灵魂存在的个体生命的价值逻辑和人生追求就是修身、齐家、治国、平天下,就是格物、致知、诚意、正心,就是立德、立言、立功。

三、个体生命存在的教育学意义

生命哲学是生命(化)教育的基本理论,生命(化)教育是生命哲学的实践方式。从个体生命的存在自觉到教育活动的生命自觉,从人的全面发展到教育以人为本,生命(化)教育(学)的核心思想在于:第一,教育要朝向人的身体、适宜人的身体和成全人的身体;第二,教育要朝向人的心智、适宜人的心智和成全人的心智;第三,教育要朝向人的灵魂、适宜人的灵魂和成全人的灵魂。

(一) 朝向身体、适宜身体、成全身体的教育

身体是人的生命本体,没有身体就没有人本身,心智无从发生,灵魂亦无从说起。既然每个人都有自己的身体,教育作为一种培养人的活动,就要朝向人的身体,适宜人的身体,成全人的身体。

首先,教育要朝向人的身体。教育既要朝向人的"自在性身体",又要

---

① 周国平:《人生哲思录》,上海辞书出版社2011年版,第365页。

朝向人的"自为性身体"。"自在性身体"对于教育者的重要启示在于，教育活动不仅要面对书本知识和考试分数，还要面对具有感知和学习能力的生命体——"学习体"（learning body）。"体者，为知识之载而为道德之寓者也。其载知识也如车，其寓道德也如舍。体者，载知识之车而寓道德之舍也。"①"自为性身体"对于教育者的重要启示在于，人不是机械被动的学习机器，人不但要用"身"学习，还要用"心"学习，学习不但要"全身"投入，还要"全心"投入，只有"全身心"投入才是学习的最佳状态。反观现实，种种原因，教育者往往目中无人，无视学习者的身体存在，无视身体在学习过程中的重要作用，无视具身认知（embodied cognition）的现实效应。

其次，教育要适宜人的身体。教育不但要朝向人的身体，还要适宜人的身体。学生既然用"身"学习，教师就应因"身"施教。所谓因材施教，其实就是因身施教。需要注意的是，这里的"身"既指人的"自在之身"（表征为个体的先天素质），也指人的"自为之身"（表征为个体的后天努力）。所谓"教育的人的制约性"或"教育必须适应人的身心发展规律"，所强调的就是教育绝不可以折磨、损伤、残害学生的"自在之身"，也不可以欺压、凌辱、误导学生的"自为之身"。学生以身学习，教师以身施教。学生以身学习的方式不同，教师以身施教的方式也会相应变化。师生交往既需要"心心相印"，也需要"身身相应"。以此为视角，如果要成为一个优秀教师，就必须能够读懂学生的身体语言和身体文化，并对学生的身体体验具有深刻的理解和同情。

最后，教育要成全人的身体。教育要朝向人的身体，要适宜人的身体，最终是为了成全人的身体。教育既要成全人的"自在性身体"，又要成全人的"自为性身体"。就其一般意义而言，成全身体的教育就是体育。

---

① 毛泽东：《体育之研究》，《新青年》1917年4月1日第3卷第2号。

"体育之效,至于强筋骨,因而增知识,因而调感情,因而强意志。筋骨者,吾人之身;知识、感情、意志者,吾人之心。身心皆适,是谓俱泰。故夫体育非他,养乎吾生、乐乎吾心而已。"①其中,"养乎吾生"的体育,成全的是人的"自在性身体","乐乎吾心"的体育,成全的是人的"自为性身体"。体育不仅能够增强体质,而且能够训练心智。反观现实,体育在强身健体乃至塑造个体心性(情感和意志)方面的作用已众所周知,但体育对于人的感知力、记忆力、思维力、想象力等多种智力因素的积极影响,尚未得到充分认识和普遍重视。

(二) 朝向心智、适宜心智、成全心智的教育

人的身体行为离不开心智活动,两者难解难分而又相辅相成。既然每个人都有自己的心智,教育作为一种培养人的活动,就应该朝向人的心智,适宜人的心智,成全人的心智。

首先,教育要朝向人的心智。因为心智包括心性和智性两个方面,所以教育既要朝向人的心性,也要朝向人的智性。因为心智分为"自在性心智"和"自为性心智"两个层次,所以教育既要朝向"自在性心智",也要朝向"自为性心智"。所谓朝向心性,就是关注个体的情感、意志、兴趣、性格、动机、信念等非智力因素;所谓朝向智性,就是关注个体的注意、观察、想象、记忆、运算、判断等智力因素。所谓朝向"自在性心智",就是关注个体心智的先天性、遗传性;所谓朝向"自为性心智",就是关注个体心智的后天性、文化性。

其次,教育要适宜人的心智。教育不但要朝向人的心智,而且要适宜人的心智。具体来说,教育既要适宜人的心性,也要适宜人的智性;既要适宜人的"自在性心智",也要适宜人的"自为性心智"。这一切要求能否

---

① 毛泽东:《体育之研究》,《新青年》1917年4月1日第3卷第2号。

实现的前提在于,教育者能否成为"心智解读"(mind reading)的行家里手,能否"听其言观其行"而"知其心解其意",比较全面地把握受教育者的心智状况和发展水平。其中,"自在性心智"对于教育者的重要启示在于,教育教学应该尊重受教育者的天性(赋),无限相信其发展潜力,因材施教,循序渐进。"自为性心智"对于教育者的重要启示在于,教育教学应该重视个体的精神状态,倡导成功体验,呵护受教育者主动探究的学习热情,启发引导,循循善诱。

最后,教育要成全人的心智。教育要朝向人的心智,要适宜人的心智,最终是为了成全人的心智。成全心智的教育既要有促进心性(非智力因素)发展的情感培养意识,又要有促进智性(智力因素)发展的理智训练意识,两者缺一不可。就其一般意义而言,成全心智的教育就是智育。智育既要成全"自在性心智",也要成全"自为性心智"。成全"自在性心智"的关键在于全面把握多元智力理论的思想精髓,相信"天生其人必有才,天生其材必有用"。成全"自为性心智"的关键在于营造适宜个体主动发展的自由环境和文化氛围,充分发挥自我认识和自我教育在个人成长中的主导作用。相信种子,相信岁月。无论是成全人的"自在性心智"还是"自为性心智",都要求教育者拥有一种所谓的"信任的同情心(trustful sympathy)"。这种同情心应该贯穿于教育生活的各个环节,应该体现为一种自然的、精心设计的鼓励和支持。这种同情心要求教育者能够分辨孩子的声音、眼神、动作和神态的细微差异表征,能够感受到孩子的体验是什么样的,以及处于一种怎样的情绪之中——受挫、兴奋、伤心、厌烦、快乐、冒险、恐惧、

(三) 朝向灵魂、适宜灵魂、成全灵魂的教育

个体生命的单纯与美好,在于自我灵魂的安定与从容。既然每个人都有自己的灵魂,教育作为一种培养人的活动,就应该朝向人的灵魂,适

宜人的灵魂,成全人的灵魂。也正是在这个意义上,我们常会说,教师是人类灵魂的工程师。

首先,教育要朝向人的灵魂。教育既要朝向人的"自在性灵魂",也要朝向人的"自为性灵魂",但根本性的问题是,人们往往不知道什么是灵魂。诚如鲁道夫·斯坦纳(Rudolf Steiner)在《童年的王国》中所说:"人类对身体知识的研究高度发展。经由生物学、生理学、解剖学,我们对人类肉体的知识已非常先进,但如果谈到对人类灵魂(soul)的知识,则是完全一片未开的疆域,每一次与灵魂有关的事件都只有一个名词,完全不知真相。"[1]要改变这种现象,教育本身具有不可推卸的责任。一方面,对于灵魂的自在性(包括先天性、宗教性、终极性)一面,教育者必须怀有虔诚敬畏之心,尤其是在传授知识和探求真理的过程中,牢记精神引领和宗教启蒙的使命,自觉地去发现和唤醒人的"自在性灵魂"。否则,教育就不可能在真正意义上成全人的生命。另一方面,对于灵魂的自为性(包括社会性、世俗性、道德性)一面,教育必须在个体信仰系统建构(宗教教育)、价值系统建构(价值教育)和意义系统建构(艺术教育)方面做好充分准备,确保为每个人的社会交往、世俗生活和道德实践营造积极向上、民主自由的人文环境。

其次,教育要适宜人的灵魂。教育不但要朝向人的灵魂,而且要适宜人的灵魂。教育既要适宜人的"自在性灵魂",也要适宜人的"自为性灵魂"。"你有一个生命和一个灵魂,二者是你带到这个世界上来的全部家底,也是此生此世唯独属于你的宝贵财产。所以,照看好生命和灵魂,使二者有一个好的状态,是你的基本责任。对于外部世界的一切,包括做事和交友,你都要依据是助益还是损害二者的状态来判断其价值,从而决定

---

[1] 〔奥地利〕鲁道夫·斯坦纳:《童年的王国》,深圳报业集团出版社2014年版,第1页。

取舍。"①毋庸置疑,教育既要适宜受教育者的灵魂,也要适宜教育者的灵魂。无论是教育者还是受教育者,都应该照看好自己的生命和灵魂,都应该将助益生命和灵魂作为教育活动的基本尺度,都应该胸怀自由和平等意识,相互关爱,彼此尊重。其中,对于教育者而言,最重要的是具有清醒的生命存在和生命发展意识,坚守教育良知,自觉地与各种非人性的"反教育行为"作斗争。对于受教育者而言,最重要的是深刻体悟自我认识、自我教育和自我发展的人生意义,真正成为自己命运的主人。

最后,教育要成全人的灵魂。教育既要成全人的"自在性灵魂",也要成全人的"自为性灵魂"。如果我们将成全身体的教育称为体育,而将成全心智的教育称为智育,那么成全灵魂的教育就可以称为魂育。"教育活动关注的是,人的潜力如何最大限度地调动起来并加以实现,以及人的内部灵性与可能性如何充分生成,质言之,教育是人的灵魂的教育,而非理智知识和认识的堆集。"②令人深思的是,很多人对于德智体全面发展,包括德智体美劳五育并举这套话语并不陌生,甚至耳熟能详,但对于"魂育"一说往往惊叹不知所云。其根本原因在于,没有真正把握体育、智育和德育的核心精神,弄不清教育的灵魂究竟是什么。现实中,体育往往被误解为简单机械的肢体训练,智育往往被误解为书本知识的直接灌输,德育往往被误解为泛泛的道德说教和整齐划一的政治规训,而对于强健身体所具有的育心、育智、育德功能,学习(知识)体验之于个体情感、态度、价值观的导向作用,以及道德自律和他律之于幸福人生的内在逻辑,知之甚少,认识模糊。当然,本文之所以提出魂育一说,并非要对传统的道德规范进行简单否定,而是要对现行的德育实践进行深刻反省,并从灵魂的自

---

① 周国平:《一周情感快评》,《广州日报》2014年11月22日。
② 〔德〕雅斯贝尔斯:《什么是教育》,邹进译,生活·读书·新知三联书店1991年版,第4页。

在性和自为性两个维度,提炼和概括生命(化)教育(学)之要领:其一,健全的灵魂寓于健全的心智和健全的身体之中;其二,只有幸福完整的教育才可能成全幸福完整的人生。

总之,四肢发达头脑简单绝非体育之本意,八面玲珑圆滑世故亦非智育之追求。人们常说教育是一种唤醒,所唤醒的不仅是人的身体,还有人的心智,但难得的是人的灵魂。"精致的利己主义者"机关算尽太聪明,其致命缺陷在于人之为人的灵魂出问题了。没有灵魂的教育造就了没有灵魂的人,这实在是一种悲哀!为了让每一朵生命之花自由绽放,为了让每一个生命成为最好的自己,我们必须重申:每一位从事教育的人,都应该拥有一种朝向幸福完整的生命姿态,都应该将呵护身体、发展心智和塑造灵魂作为教育的根本使命!

个人生命力的基本结构及其教育学意义

个人生命力,即一个人维持自身生命存在与发展的根本之力。就其整体构成来看,个人生命力主要表现为体力、脑力和心力三种基本形式。个人生命力既是一种自在性存在,又是一种自为性存在,是自在性和自为性的统一。作为教育者,只有高度重视个人生命力的基本结构及其特性,自觉促进体力、脑力和心力的全面发展,才有可能让受教育者的"个人潜力"比较充分地转化为"个人实力"。

我们知道,因为一个人的"体力"和"脑力"具有相对独立性,所以才会有"体力劳动"和"脑力劳动"之分。同时,一个人的"体力"和"心力"具有相对独立性,所以才会有"体力训练"和"心力训练"之分。再者,一个人的"脑力"和"心力"具有相对独立性,所以才会说,一个人不仅需要有"聪明灵活的头脑",还要有"强大的内心世界"。最后,一个人的"体力""脑力"和"心力"具有相对独立性,所以才会说,很多极其复杂、艰巨的任务不但要"拼体力""拼脑力",还要"拼心力"。正是基于以上见识,我们将个人维持自身生命存在与发展的根本之力划分为体力、脑力和心力三种形式,并在探讨它们各自特性及整体关系的基础上,阐释个人生命力发展的教育学意义。

一、个人生命力的三种存在形式

每个人都有自己独特的生命,每个人的生命都有独特的生命力结构,每个人的生命力结构都可以划分为体力、脑力和心力三种形式。一方面,每个人的体力、脑力和心力都具有相对独立性,另一方面,每个人的生命力都是体力、脑力和心力的统一体。

(一) 表征为体力的个人生命力

人皆有其身、有其体,身体是个人生命存在与发展的根本依据。《孝经·开宗明义章》:"身体发肤,受之父母,不敢毁伤,孝之始也。立身行道,扬名于后世,以显父母,孝之终也。夫孝,始于事亲,中于事君,终于立身。"这是中国传统文化和生命哲学中关于个人身体价值的经典论述。

所谓"体力",即人体的力量。人体的力量,即人的身体的力量。每个人都有自己的身体,但人与人的体力不同。相比较来看,体力的个体差异性能够在各种各样的体力活动中得以见证。

所谓"体力活动",即"个人经由运动系统维持自身生命存在与发展的躯体活动"。一个人的体力可能表征为上肢或下肢的力量,也可能表征为头部、颈部、肩部、背部、腰部、胸部、腹部、臀部的力量,还可能表征为身体不同部位在抗击、柔韧、耐久、协调、平衡、敏捷、灵巧等方面的特殊功能。表征为体力的个人生命力,与身体(上皮、结缔、肌肉、神经)四类组织和八大系统(运动、神经、内分泌、循环、呼吸、消化、泌尿、生殖)的功能直接关联,与个人吃、喝、拉、撒、睡等日常生理活动彼此呼应,与遗传基因、家庭环境、生活习惯、健康状况、学习经历、工作性质等先后天(内外部)因素密不可分。

众所周知,"身体是革命的本钱",每个人都需要利用一定的体力来认识自我和改造自我,进而认识世界和改造世界。"身强力壮"是赞赏个人体力的日常用语,体力状况是评价个人身体素质的核心指标。体力活动、体育运动、体能训练是个人体力发展的基本途径,更高、更快、更强是奥林匹克运动倡导的人类进取精神。可以说,所有参加过各种高强度、高频率、长时间体力活动的人,包括那些参加过举重、跑步、跳跃、格斗之类运动的人,都能够真切地感受到个人体力之于生命存在与发展的重要意义。人生在世,健康的身体和充沛的体力是生活好、学习好、工作好的条件和资本。

(二) 表征为脑力的个人生命力

头脑是思维活动的凭依和载体。"人类所有的想法、感觉和行动都可以归结为大脑内蜘蛛网般交错的神经细胞的电冲动。虽然这些看上去与日常生活似乎没有关系,但是我们做的任何事情都是从这些很小的细胞开始的。"[1]这是现代心理学关于人脑功能的基本共识。

所谓"脑力",即人脑的力量。每个人都有自己的头脑,但人与人的脑力不同。相比较来看,脑力的个体差异性能够在各种各样的脑力活动中得以见证。

所谓"脑力活动",即"个人经由神经系统维持自身生命存在与发展的思维活动"。一个人的脑力可能表征为形象思维能力或抽象思维能力,也可能表征为从感觉、知觉、表象到概念、判断、推理的认知加工能力,还可能表征为观察力、记忆力、理解力、运算力、想象力、创造力等不同方面的能力。毫无疑问,每个人都需要一定的脑力才能够存储、加工和提取各方面信息,从而开启和维系各种各样的生命活动。其中,简单、机械的个人生命活动主要依靠的是体力,复杂、精细的个人生命活动主要依靠的是脑力。所有看过"世界脑力锦标赛"或江苏卫视《最强大脑》真人秀节目的观众,都会对个人脑力的独特功能有非常直观的认知和感受。

仅就"世界脑力锦标赛"(World Memory Championships,简称 WMC)而言,它凭借优化的记忆方法、独特的思维模式和科学的评价手段,已成为世界脑力开发与应用领域最权威的比赛活动,被誉为"脑力运动的奥林匹克"。特别值得一提的是,这项赛事非常有力地推动了世界脑力运动事业的发展,促进了世界脑力研究成果的交流与推广。其中,由国际脑力运

---

[1] 〔美〕库恩、米特尔:《心理学导论——思想与行为的认识之路》,郑钢等译,中国轻工业出版社 2008 年版,第 56 页。

动委员会组织编写的《脑力运动学》(天津科技出版社 2016 年版)系列教材,则突破了传统的"多元智力"理论,融合神经生理学、神经语言学等多学科思想,深入浅出地阐释了人脑工作的基本原理,为不同人群的脑力训练提供了全面系统的理论支撑。

众所周知,大脑(神经系统)是人体一切活动的"司令部",没有脑力活动也就没有体力活动,脑力活动是个人思想、意识、观念、智慧的源泉。思维活动和思维训练是提升思维能力的基本途径,思维品质和思维模式是评价个人脑力功能的核心参考指标。目前,随着人工智能的快速发展,尤其是虚拟现实技术、无创伤脑成像技术的广泛应用,人脑的认知结构、认知功能和发展潜力均已得到了更为清晰的显示和更为科学的论证。

(三) 表征为心力的个人生命力

关于人体、人脑、人心三者的关系,梁漱溟先生的论述颇为深刻:"心非有形体之一物,心与生命同义,曾莫知其所限际;而脑也,身也,则形体有限,为生命或心所资借此显其用者。脑原从身发达出来,为其一重点部分,是身大于脑,而心广于身;乃世人徒见夫心脑关系密切,便以为心即是脑,脑即是心者,岂不谬哉!"[1]

所谓"心力",即人心的力量。人心的力量,即人的内心的力量。每个人都有自己的内心,但人与人的心力不同。相比较来看,心力的个体差异性能够在各种各样的心力活动中得以见证。

所谓"心力活动",即"个人经由精神系统维持自身生命存在与发展的思想活动"。其中"精神"一词,主要针对"离身体颇远的人心活动"而言,"它代表着人心高度灵活自由的那种活动事实,除此不能有其他意义"。[2]

---

[1] 梁漱溟:《人心与人生》,上海人民出版社 2005 年版,第 121—122 页。
[2] 梁漱溟:《人心与人生》,上海人民出版社 2005 年版,第 102—103 页。

从研究领域和科学分类来看,神经科学关注思维活动的生理基础及其功能运行,精神科学关注思想活动的现实基础及其变化发展。这里需要特别指出的是,"神经系统"与"精神系统"不一样,"思维活动"与"思想活动"不相同。其中,"神经系统"直接影响"思维运行","精神系统"直接决定"思想产出"。

显然,易于认识和探讨的是人的体力,较难认识和探讨的是人的脑力,而最难认识、最难探讨,且最易被泛化的是人的心力。在日常话语中,心力既可指作为物质实体的人的心脏的力量,亦可指作为精神实体的人的心理的力量。现代医学证明,"控制全部人类生理功能及其生死存亡的心脏不仅支配和影响着人类的情感、性格、情绪、审美、意志力,也影响着人的大脑思维、记忆、理想和抱负"[①]。因而本文中的"心力"概念既受医学生理学"心主神明"思想的启示,又受认知心理学"脑主神明"思想的影响,但主要还是中国传统文化和心灵哲学中的心学概念。心力作为心学的核心范畴,既可指精神的力量、意识的力量、意志的力量,也可指自我的力量、良知的力量、信仰的力量,而在最通俗的意义上是指情感的力量、态度的力量、观念的力量。

从普通心理学角度看,观察、记忆、理解、注意、想象等"智力因素"属于脑力范畴,动机、兴趣、情感、意志、性格等"非智力因素"属于心力范畴。进一步来说,"心"主要用以指称人的主体意识或内在德性,"心力"主要用以指称人对自身行为和外部变化的反省与调控能力,它是自我意识觉醒和主体性生成之后的生命潜能。"心非一物也;其义则主宰之义也。主谓主动;宰谓宰制。对物而言,则曰宰制;从自体言之,则曰主动;其实一义也。"[②]认知科学早已说明,精神(意识)活动是人脑的机能,但并

---

① 张之沧、张尚:《身体认知论》,人民出版社2014年版,第65页。
② 梁漱溟:《人心与人生》,上海人民出版社2005年版,第26页。

不是人脑本身。而令人遗憾的是,在当前关于人脑思想产出功能尤其是关于个人内心活动的各类话语中,庸俗唯物主义、机械唯物主义观点依然统治着很多人的头脑,以致经常误解个人心理活动的本质特征,严重忽视个人精神系统对于个人行为系统的主导作用。

　　反观现实,每个人都需要一定的体力、脑力和心力来认识世界和改造世界,因而都希望拥有强健的体魄、灵活的头脑和强大的内心。更具体地说,任何清醒、自觉的个人生命活动,都是体力、脑力、心力在不同层面的综合应用,只是不同活动所需要的体力、脑力、心力有所不同而已。以职业特性为例,如果说纤夫、搬运工、运动员特别需要体力,而棋师、设计师、会计师特别需要脑力的话,特警、消防员、爆破手等高危职业特别需要的则是心力。以文学经典中塑造的人物为例,如果说《水浒传》中的鲁智深是一个特别有体力的人,《三国演义》中的诸葛亮就是一个特别有脑力的人,《老人与海》中的桑蒂亚哥则是一个特别有心力的人。陆九渊曾言:"宇宙便是吾心,吾心即是宇宙。"不言而喻,这里的"心"既不是人的心脏,也不是人的头脑,而且是人的眼界、胸怀、气度。民族英雄林则徐曾言:"海纳百川,有容乃大;壁立千仞,无欲则刚。""心力"作为个人的思想意识和精神境界,关于它的诗意化表述就是:"宠辱不惊,闲看庭前花开花落;去留无意,漫随天外云卷云舒。"龚自珍曾言:"心无力者,谓之庸人。报大仇,医大病,解大难,谋大事,学大道,皆以心力。"[1]梁启超认为:"盖心力散涣,勇者亦怯;心力专凝,弱者亦强。"[2]由此看来,心力其实是在面对艰巨任务、特殊使命、困难挫折时才有可能显露的一种精神气魄。事实上,每一个经历过风风雨雨、酸甜苦辣的人,最后都会承认,在人生"最黑暗的时候",最关键、最重要的往往不是体力或脑力,而是直面现实、不屈不挠的

---

[1]《壬癸之际胎观第四》。
[2]《新民说·论尚武》。

心力。

总之,体力、脑力、心力属于个人生命力的核心要素和永恒范畴,也是个人生命力发展的逻辑起点和根本依据。从来源与归属看,体力源于并归于体力活动,脑力源于并归于脑力活动,心力源于并归于心力活动。如果说体力属于外力、心力属于内力,脑力就是连接两者的桥梁或通道。不难发现,个人生命力最初只能以"潜力"形式存在,之后有机会才能向"实力"转变。或者说,个人生命力犹如一座冰山,水面以上部分属于实力,水面以下部分属于潜力。尽管每个人都具有无限的生命潜力,但由于主客观方面的各种限制,这种潜力并不能百分之百地转化为实力,而只有(小)部分露出水面,其余(大)部分可能永无人知。由体力、脑力、心力组成的个人生命力结构,大致有三种关系解析式:(1)个人生命力=体力+脑力+心力;(2)个人生命力=体力×脑力×心力;(3)个人生命力=(体力+脑力)×心力。在我们来看,无论是整合关系(1),还是乘积关系(2),抑或是乘积耦合关系(3),最理想的个人生命力结构应该是,在体力、脑力、心力三个方面都获得自由而充分的发展。

二、个人生命力存在的基本特性

每个人的生命力都既有自在性的一面,又有自为性的一面,都是自在性和自为性的统一。个人生命力的自在性,即个人生命力的先天性、遗传性,由此凸显的是体力、脑力、心力的客观实在性。个人生命力的自为性,即个人生命力的后天性、社会性,由此凸显的是主观能动性对体力、脑力、心力发展的促进作用。

(一)个人体力存在的基本特性

首先,每个人的体力都有自在性的一面。个人体力的自在性,即个人体力的先天性、遗传性,它遵循自然发育和自然成熟的基本规律。个人的体力发展水平直接取决于身体发育和成熟的实际程度,具有明显的顺序性和阶段性。特别直观而常见的生命力现象是,幼儿基本上都是先会坐后会爬,先会爬后会站,先会站后会走。"幼儿的各种能力按先头后脚和先近后远的原则与顺序发展,即头在前而脚在后,离心脏较近的部位在前而四肢在后。"①

其次,每个人的体力都有自为性的一面。个人体力的自为性,即个人体力的后天性、社会性,它遵循自主选择和自主发展的基本规律。"人的体力毕竟是以人为本且纯系个体化的一种极其特殊的社会存在。这不仅使它成了每一个个体生命最为直观的具体表现,而且成了他们生命存活的根本象征。"②尽管个人体力发展依赖于自然发育和自然成熟,但发展的方向和发展的高度受制于环境的变化和自身的努力程度。事实上,初生不久的婴儿即已能够尝试调整自己的身体状态,从而选择更为舒展、协调、有效的肢体动作。这些最初的动作尝试正是个人体力发展自为性的直接表现。

最后,每个人的体力都是自在性和自为性的统一。人是一种自为性、自在性存在,受到自然的约束和限制,但人也是一种主体性、能动性存在,能够认识自然、适应自然、改造自然,提高自身的生命质量和生活水平。"为了在对自身生活有用的形式上占有自然物质,人就使他身上的自然力——臂和腿、头和手运动起来。当他通过这种运动作用于他身外的自然并改变自然时,也就同时改变他自身的自然。"③人在改变身外世界的

---

① 〔美〕库恩、米特尔:《心理学导论——思想与行为的认识之路》,郑钢等译,中国轻工业出版社2008年版,第97页。
② 李景毅:《人力是人口质量的本质内容——人力三要素解析》,《西北人口》2001年第3期。
③ 《马克思恩格斯全集》(第42卷),人民出版社1979年版,第202页。

同时,也在改变自身的内在世界,让自为性、自在性的个人潜力源源不断地发挥出来。

综上可见,每个人的体力都有巨大的潜在性和可塑性。人作为一种自然存在物,与动植物的自然存在不同。动植物的生命潜力、生命历程和发展方向是自然生成、先天预设的,而人的生命潜力、生命历程和发展方向是自主生成、无限开放的。"人变成什么,这仅在人的情形中,不再是一个自然界中的事情:他必须是自己的生育者。"①人作为自己的生育者,与个体的生命欲望相伴相生。"是生之欲望创造了世界,是生命力生产了现实。力和欲望正是通过身体得以连接和互动,使身体成为一股活跃、升腾的生产力和一部永不停息的机器。"②

(二) 个人脑力存在的基本特性

首先,每个人的脑力都有自在性的一面。个人脑力的自在性,根源于个人身体的自在性。"身脑原为一体,脑不过是身的一部分,同为生命活动所资借的物质条件。"③显然,个人脑力发展与个人体力发展一样,也遵循自然发育和自然成熟的基本规律,两者的不同之处在于,随着脑力的发育与成熟,人便能够更加自如地支配自己的体力,从而更加从容地面对复杂多变的现实环境。

其次,每个人的脑力都有自为性的一面。源于自然而又受限于自然的人,如果没有脑力发展的自为性,就不可能超越自然和改造自然,也就跟自然界的其他生物没什么不同。恩格斯在《劳动在从猿到人的转变中的作用》中指出:"动物仅仅利用外部自然界,简单地通过自身的存在在自

---

① 〔德〕米夏埃尔·兰德曼:《哲学人类学》,张乐天译,上海译文出版社1988年版,第162页。
② 张之沧、张禹:《身体认知论》,人民出版社2014年版,第68页。
③ 梁漱溟:《人心与人生》,上海人民出版社2005年版,第98页。

然界中引起变化；而人则通过他所作出的改变来使自然界为自己的目的服务，来支配自然界。这便是人同其他动物的最终的本质的区别，而造成这一区别的又是劳动。"①人能够在适应自然的过程中通过自为性劳动改造自然，同时改造自身——发展自身的体力和脑力。可见，个人体力的自为性依赖于个人脑力的自为性，没有个人脑力的自为性，就没有个人体力的个性化存在和多样化发展。

最后，每个人的脑力都是自在性和自为性的统一。众所周知，人脑是由无数极其敏感的神经细胞和神经纤维组成的。"脑控制着维持生命所需要的各种重要功能，保持着与外部世界的广泛联系，向肌肉和腺体发布着一道道命令，对人体的每一种需求作出反应，创造着人的神奇的意识，并随时调整着脑的自身活动，所有这一切都在同一时间完成！"②一方面，人的脑力活动能够激发思想、意识、行为，另一方面，人的思想、意识、行为能够改变脑的结构与功能。前者彰显的是脑力活动的自在功能，后者彰显的是脑力活动的自为效应。

综上可见，每个人的脑力都有巨大的潜在性和可塑性。人类脑力发展的实际水平决定着自身在自然界中的地位和作用。现实中，人人皆知体力发展之于自身生命存在的独特意义，难得的是能够在发展个人体力的同时自觉地发展脑力。人类进化史表明，劳动是促进体力和脑力协同发展的最佳途径。"单个人如果不在自己的头脑的支配下使自己的肌肉活动起来，就不能对自然发生作用。正如在自然机体中头和手组成一体一样，劳动过程把脑力和体力结合在了一起。"③事实上，人类劳动史就是人类发展史，人类发展史就是人类改造自然、改造自身的历史，就是人类

---

① 《马克思恩格斯选集》（第3卷），人民出版社1972年版，第517页。
② 〔美〕库恩、米特尔：《心理学导论——思想与行为的认识之路》，郑钢等译，中国轻工业出版社2008年版，第76页。
③ 《马克思恩格斯全集》（第42卷），人民出版社1979年版，第555页。

开发自身潜力、塑造自己头脑的历史。

（三）个人心力存在的基本特性

首先，每个人的心力都有自在性的一面。个人心力的自在性，以个人体力和脑力的自在性为前提和基础。"所谓心者，不外乎是生命活动的表现耳。从生物进化史看去，总是心随身而发展，身先而心后，有其身而后有其心。"①相对于脑力和体力的功用而言，心力总是在发挥支配和统领作用。正如荀子所言："心者，形之君也，而神明之主也，出令而无所受令。自禁也，自使也，自夺也，自取也，自行也，自止也。"②

其次，每个人的心力都有自为性的一面。人心作用于人脑，人脑作用于人体，人体作用于自然。"人离开动物愈远，他们对自然界的作用就愈带有经过思考的、有计划的、向着一定的和事先知道的目标前进的特征。"③个人心力的自为性，贯穿于认识世界和改造世界的所有活动之中。谭嗣同曾说："心之力量虽天地不能比拟，虽天地之大，可以由心成之、毁之、改造之，无不如意。"④正如王阳明所言："人者，天地万物之心也；心者，天地万物之主也。"⑤

最后，每个人的心力都是自在性和自为性的统一。个人心力的自在性和自为性，决定了个人心力的现实差异性。"人的生命力大小强弱不同和人的体质气质各有所偏，皆有其生来禀赋（比较是主要的）之一面及其后天养成之一面。"⑥与体力和脑力的基础性、前提性相比，人的心力更富有灵活性、超越性，但需要注意的是："现成的只此身，人心不是现成可以

---

① 梁漱溟：《人心与人生》，上海人民出版社2005年版，第187页。
② 《荀子·解蔽》。
③ 《马克思恩格斯选集》（第3卷），人民出版社1972年版，第516页。
④ 《上欧阳中鹄书》。
⑤ 《答季明德·丙戌》。
⑥ 梁漱溟：《人心与人生》，上海人民出版社2005年版，第189页。

坐享的。此即是说：心寻常容易陷于身中而失其灵活向上。"①人心依赖于人身，经由人身方可显现，但人心大小、心力强弱，并非由人身直接决定或生成，而是取决于特定的社会交往、人生际遇和心路历程。

综上可见，每个人的心力都有巨大的潜在性和可塑性。因先天条件和后天努力程度不同，人与人之间在体力、脑力和心力方面必然存在一定差异，但普遍来看，在体力和脑力方面的差异并不显著，最显著的方面往往是心力。而这里有必要强调的是，尽管体力、脑力、心力的层次与作用不同，但三者均为个人生命力不可或缺的组成部分，切不可厚此薄彼，更不能顾此失彼。毋庸讳言，各行各业中都有很多人，虽然脑力不错，但因心力薄弱，往往半途而废。也有很多人虽然心力不错，但因脑力薄弱，最终难成大事。还有很多人虽然脑力、心力都不错，但因体力不支，最后不得不草草收兵或主动放弃。由此可见，一个人只有在体力、脑力、心力三个方面都获得恰当的发展，才有可能实现自己的人生理想和生命价值。

三、个人生命力发展的教育学意义

个人生命力随着自身生命的诞生而诞生，随着自身生命的发展而发展，也随着自身生命的消亡而消亡。从历史的角度看，"人类在不断地追求，同时人类也在不断地显示自己的力量，这可能是人类史上一条最令人感兴趣的线索"②。毋庸置疑，无论人类以何种形式"追求"或"显示"自己的何种力量，都必然以个人生命力的自在性、自为性、可塑性为前提和基础。正是基于人类的"尚力"思想与实践，我们可以说，教育在本质上就是一项认识生命力、成全生命力的事业，教育学在本质上就是一门认识生命

---

① 梁漱溟：《人心与人生》，上海人民出版社2005年版，第187页。
② 张楚廷：《人力学引论》，湖南出版社1995年版，第14页。

力、成全生命力的学问。

(一) 个人体力发展的教育学意义

首先,教育者应该高度重视个人体力的自在性,充分认识"循序渐进"之于受教育者体力发展的独特意义。每个人的体力都有自然发育、自然成熟、自然衰退的顺序性和阶段性,这种生命力变化的自然法则不以任何人的主观意志为转移。鉴于此,教育者的重要职责就是引导受教育者在饮食、作息、运动等方面养成良好的个人习惯,在保证生命安全和身体健康的前提下,帮助他们认识体力、维护体力、发展体力。

其次,教育者应该高度重视个人体力的自为性,充分认识"用进废退"之于受教育者体力发展的独特意义。一个人,在遵循体力发展自然法则的前提下,如果经常锻炼、适当锻炼的话,体力就会日益灵巧、日益长进;相反,如果疏于锻炼或锻炼不当的话,就会日渐笨拙、日渐衰退。鉴于此,教育者的重要职责就是激发、唤醒受教育者锻炼体力的积极性、主动性、科学性。就学校教育而言,体力锻炼的主要手段是体育课,而体育教师的重要职责就是向学生展示身体运动的乐趣与魅力,帮助每个学生找到合适的运动项目并掌握相关运动的知识与技能。

最后,教育者应该高度重视个人体力的可塑性,充分认识"因势利导"之于受教育者体力发展的独特意义。个人体力的可塑性取决于个人体力的自在性和自为性。个人体力发展具有"自在之势"和"自为之势",其中,前者属于遗传素质在体力方面的自然显露,后者属于兴趣爱好在体力方面的内化生成。鉴于此,教育者的重要职责就是为受教育者的体力发展开辟道路,在兼顾遗传素质和兴趣爱好的前提下,将受教育者的体力发展引上正途。

总之,教育者只有高度重视个人体力的自在性、自为性和可塑性,充分认识"循序渐进""用进废退""因势利导"之于体力发展的独特意义,才有可能在日常教育活动中自觉地顺应受教育者的体力、锻炼受教育者的体力、成全受教育者的体力。这是关于个人生命力发展的第一重教育学意义。

(二) 个人脑力发展的教育学意义

首先,教育者应该高度重视个人脑力的自在性,充分认识"循序渐进"之于受教育者脑力发展的独特意义。每个人的头脑都具有独特的生理结构和生理功能,每个人的脑力发展都必然受制于先天的遗传属性。现代神经科学发现,人脑终身具有形成新神经联结的能力,这为人的终身成长奠定了可靠的理论基础,也让我们看到了教育神经科学的光明前景。近年来,教育神经科学利用脑成像技术、认知过程分析、心理模型建构、遗传素质评估等多种手段,逐步揭开了人脑这个"黑匣子"的一系列奥秘,在人类学习原理和学习机制方面也取得了一系列重大成果。[1] 鉴于此,教育者的重要职责就是主动学习这些最新成果,在熟练掌握神经发育年龄特点和个体差异的前提下,小心谨慎地呵护受教育者的脑力发育。

其次,教育者应该高度重视个人脑力的自为性,充分认识"用进废退"之于受教育者脑力发展的独特意义。脑越用越活,人越学越精。个人脑力的自为性,主要表现为脑力活动的积极性、主动性。"人类真正的潜能是未知的(也是不可知的);人类在经过多年的热情、辛苦奋斗以及训练后能够取得什么样的成就,是无法预知的。"[2]在现实生活中,那些爱学习、善学习的人,就是爱用脑、善用脑的人。那些爱用脑、善用脑的人,习得成长型心智。那些不爱用脑、不善用脑的人,习得固定型心智。成长型心智释放个人潜能,固定型心智束缚个人潜能。鉴于此,教育者的重要职责不

---

[1] 周加仙:《教育神经科学的使命与未来》,教育科学出版社2016年版,第5页。
[2] 〔美〕卡罗尔·德韦克:《终身成长》,楚祎楠译,江西人民出版社2017年版,第7页。

应是简单地传授知识、技能,而是激励、鼓舞、唤醒,将受教育者引上自主学习、自主发展的自由之路。

最后,教育者应该高度重视个人脑力的可塑性,充分认识"因势利导"之于受教育者脑力发展的独特意义。个人脑力的可塑性取决于个人脑力的自在性和自为性。个人脑力发展与体力发展一样,也具有"自在之势"和"自为之势"。"与其他动物相比,人具有相对较长的青春期,这为教育过程的深入展开提供了可能;而人脑的可塑性使得教育不仅能够改变脑的功能,而且还可以改变脑的结构。"①鉴于此,教育者的重要职责就是全面了解受教育者的先天条件、遗传素质以及特殊的社会、文化环境,为其主动学习和接受教育提供全方位的服务与支持。

总之,教育者只有高度重视个人脑力的自在性、自为性和可塑性,充分认识"循序渐进""用进废退""因势利导"之于脑力发展的独特意义,才有可能在教育活动中自觉地顺应受教育者的脑力、锻炼受教育者的脑力、成全受教育者的脑力。这是关于个人生命力发展的第二重教育学意义。

(三) 个人心力发展的教育学意义

首先,教育者应该高度重视个人心力的自在性,充分认识"循序渐进"之于受教育者心力发展的独特意义。身体、头脑的发育与成熟,是心力逐渐彰显、强大的前提和基础。纵观生命发展,"初时心隐于身,身心浑然不分,其后则一面由于大脑机体发育慢慢完足,又一面因在社会接触增广,经验繁富,心思乃日见苗露活动,从婴儿而童年,而少年,而青年,身心之间不同程度地浸浸疏离起来。后此进趋老成练达,乃更见从容沉稳。"②鉴于此,教育者的重要职责就是根据体力、脑力、心力发展的顺序性和阶

---

① 周加仙:《教育神经科学的使命与未来》,教育科学出版社2016年版,第87页。
② 梁漱溟:《人心与人生》,上海人民出版社2005年版,第106页。

段性,有计划、有步骤地拓展受教育者的个人活动和社会交往,从而丰富他们的阅历,提升他们的境界,开阔他们的视野。

其次,教育者应该高度重视个人心力的自为性,充分认识"用进废退"之于受教育者心力发展的独特意义。"宝剑锋从磨砺出,梅花香自苦寒来。""人的力量最能改变环境,创造新事物,愈有力量愈不怕困难;反之,畏难退缩即体现出其力量衰微。凡图眼前一时省力的做事法,或为少麻烦而免除其事者,或惟务袭取模仿他人者,或惟贪图享用现成财物者,大都可以如是观之。"①人只有经风雨、见世面,才能长智识、长才干,才能飞得更高,走得更远,进而达到"从心所欲不逾矩"的自由境界。鉴于此,教育者的重要职责就是自觉地开展理想、信念教育,在帮助受教育者开展生涯规划的同时,培养他们知难而上的竞争意识和进取精神。

最后,教育者应该高度重视个人心力的可塑性,充分认识"因势利导"之于受教育者心力发展的独特意义。个人心力的可塑性取决于个人心力的自在性和自为性。在中国传统教育思想中,孟子的"四心说"高度概括了个人心力的基本结构和发展态势:"无恻隐之心,非人也;无羞恶之心,非人也;无辞让之心,非人也;无是非之心,非人也。恻隐之心,仁之端也;羞恶之心,义之端也;辞让之心,礼之端也;是非之心,智之端也。人之有是四端也,犹其有四体也。"②鉴于此,教育者的重要职责就是遵循"求其放心"之道,开展"率性教育",帮助受教育者扩充"四端",成全"本心"。

总之,教育者只有高度重视个人心力的自在性、自为性和可塑性,充分认识"循序渐进""用进废退""因势利导"之于心力发展的独特意义,才有可能在教育活动中自觉地顺应受教育者的心力、锻炼受教育者的心力、

---

① 梁漱溟:《人心与人生》,上海人民出版社2005年版,第109页。
② 《孟子·公孙丑上》。

成全受教育者的心力。这是关于个人生命力发展的第三重教育学意义。而行文至此,基于体力、脑力、心力发展的"三力教育"主张即可确立:作为教育者,只有高度重视个人生命力的基本结构及其特性,自觉促进个人体力、脑力和心力的全面发展,才有可能让受教育者的"个人潜力"比较充分地转化为"个人实力"。至于该主张如何才能在各级各类教育机构中得以贯彻和落实,成为当前教育改革面临的一个重大课题,亟须从理论和实践两个维度展开更加深入细致的研究。

我国基础教育阶段开展哲学教育的本体论意义

探讨基础教育阶段的哲学教育问题,首先必须对基础教育本身形成一个总体认识,对基础教育之于个人发展的核心价值进行合理界定。一般而言,我国基础教育主要包括学前教育、小学教育、初中教育和普通高中教育四个阶段。根据《教育大辞典》,"基础教育"亦称"国民基础教育",它是对国民实施基本的普通文化知识的教育,是培养国民基本素质的教育,也是为继续升学或就业培训打好基础的教育。① 根据《世界全民教育宣言:满足基本学习需要》("World Declaration on Education for All: Meeting Basic Learning Needs"),"基础教育"即满足人的基本学习需要的教育。该宣言第一条指出:"每一个人——儿童、青年和成人——都应能获得旨在满足其基本学习需要的受教育机会。基本学习需要包括基本的学习手段(如读、写、口头表达、演算和问题解决)和基本的学习内容(如知识、技能、价值观念和态度)。这些内容和手段是人们为能生存下去、充分发展自己的能力、有尊严地生活和工作、充分参与发展、改善自己的生活质量、做出有见识的决策并能继续学习所需要的。基本学习需要的范围及其满足的方法因各个国家和各种文化的不同而不同,而且不可避免地会随着时代的变化而变化。"②这种以"满足基本学习需要"为价值取向而对"基础教育"的宽泛定义,为我们探讨该阶段存在的根本性问题以及在该阶段开展哲学教育的必要性与可行性提供了整体视野和基本依据。

---

① 教育大辞典编纂委员会:《教育大辞典》(第1卷),上海教育出版社1990年版,第71页。
② 《联合国教科文组织·教育的使命:面向二十一世纪的教育宣言和行动纲领》,赵中建译,教育科学出版社1996年版,第15—16页。

一、揭底：一则冷笑话背后的良苦用心

我们需要什么样的人？我们应该怎样培养人？这是所有负责任的教育工作者都必须回答的两个最为现实的问题，因而常常被视为教育的根本问题或原点问题。不难发现，对于这两个问题，古今中外的教育家都自觉地用语言和行动给出了比较明确的回答。就一线普通教师而言，可能早在读师范的时候，也可能在正式入职以后，也都自觉或不自觉、主动或被动地对这两个问题进行过思考或讨论。但不得不承认的是，这两个问题并没有统一的标准答案，因为历史、文化和个人境遇不同，对两者的看法往往见仁见智、众说纷纭，很难达成共识。

长期以来，网上流传着一则可以命名为《自己的看法》的笑话：

> 联合国教科文组织给来自世界各地的小朋友出了一道考题：请你对其他国家的粮食短缺问题谈谈自己的看法。结果，在看完题目之后，非洲的小朋友不知道什么叫"粮食"，欧洲的小朋友不知道什么叫"短缺"，拉美的小朋友不知道什么叫"请"，美国的小朋友不知道什么叫"其他国家"，而中国的小朋友不知道什么叫"自己的看法"。

显然，这是一则"冷笑话"，或者说是一个"黑色幽默"，它差不多把世界各地的小朋友"黑"了一遍，而且醉翁之意不在酒，看起来是在"黑"相关地区的小朋友，实际是在"黑"这些小朋友所在地区的经济、政治、文化和教育。这则冷笑话的"潜台词"或"潜在逻辑"是：非洲地区极度贫穷，百姓饥寒交迫，那里的孩子第一需要的就是"粮食"；欧洲地区极其富裕，人民衣食无忧，那里的孩子根本不可能有"短缺"意识；拉美地区社会动荡、文化衰退，那里的孩子对"请"之类的文明用语比较陌生；美国经济实

力全球第一,军力称霸天下,那里的孩子眼中自然没有什么"其他国家";中国的教育以"应试"为主,唯书、唯师、唯上,忽视学生的主体性、自主性,那里的学生熟悉书本的看法、老师的看法、上级的看法,但往往没有"自己的看法"。

并不否认,现实生活有现实生活的逻辑,文学作品有文学作品的逻辑,教育研究有教育研究的逻辑,或许以上对于"潜在逻辑"的解读不一定恰当、连贯,但必须承认的是,不论当前世界各地的经济、政治、文化和教育状况如何,也不论《自己的看法》借用了何种修辞手法,打破了何种时空界限,当我们看到它夸大其事、荒诞不经、冷嘲热讽的一面时,也能明显感受到一种沉重、无奈与苦闷,乃至难以名状的忧伤、忧郁与焦虑。事实上,每一位中国教师,每一位中国的教育理论或教育管理工作者,看到这则略显幽默但更具批评意味的冷笑话时,都不可能装聋作哑、一笑了之,相反,都应该严肃认真地反思:为什么中国的小朋友不知道什么叫"自己的看法"? 中国基础教育究竟出了什么问题? 究竟是什么原因,究竟是怎样的生活、学习经历,让这些孩子陷入了如此尴尬的境地?

当然,探讨中国基础教育的现状、改革与发展,有多种提问方式和应答逻辑。事实上,自20世纪80年代以来,以推进素质教育为主旋律,我国基础教育一直处于反思和变革状态,无论在决策层面,还是在实践领域,包括在理论研究领域,大家都自觉或不自觉地回归到了"应该培养什么人""应该怎么培养人""应该办什么样的学校""应该做什么样的教育"等起点性、基础性问题。而且不难发现,因为视角、立场不同,关于以上问题的论点和主张之间产生了不少矛盾和分歧。从宏观层面来看,在解答这些起点性、基础性问题的过程中,从"三育""四育"到"五育",从"双基""三维目标"到"核心素养",无论理论框架还是方案设计,包括主题词和关键词,都一直处于不断建构和更新之中。①《自己的看法》这则冷笑话的良苦用心在于,为我国基础教育的现实功能与价值取向尤其是培养目标和人才质量敲响了警钟,它以一种"国际比较"而又"滑稽搞笑"的形式告诫人们:我国基础教育严重忽视了学生的主体性、自主性,严重忽视了学生的独立思考和独立判断能力,而且已经到了匪夷所思而非改不可的地步!

二、证实:一道数学题的测试结果

在基础教育阶段开展哲学教育的最重要目的是培养学生的主体性、自主性,提高学生的独立思考和独立判断能力,但培养主体性、自主性以及提高独立思考和独立判断能力的重要前提是让学生拥有问题意识和怀疑精神。目前有待进一步确认的问题是:我国基础教育阶段的学生究竟有没有问题意识和怀疑精神?

在《智慧型教师的诞生》一书的序言中,田慧生讲过一个他主持活动教学课题期间经历过的一件事情:②

> 为把课题前期的研讨引向深入,学校课题组设计了一道"数学题",然后让一名数学特级教师对低、中、高三个年级段随机抽取的各20名学生进行测试。题目是这样的:一条船上载了25只羊、19头牛,还有1位船长,要求根据已知条件求出船长的年龄是多少?测试结果是大多数学生居然都算出了具体"结果",只有少数学生对试题的合理性质疑,且质疑者以低年级学生居多,中年级次之,高年级

---

① 张荣伟:《我们需要怎样的教育——中国基础教育改革概论》,教育科学出版社2018年版,第2页。
② 王枬:《智慧型教师的诞生》,教育科学出版社2006年版,第1—2页。

最少。

显然,该课题组精心设计的这道"数学题"的真实用意并不是为了测试学生的数学知识和运算技能,而是为了考查学生的学科素养和思维品质。在笔者来看,与《自己的看法》那则冷笑话相比,这个可以命名为"船长的年龄"的真实案例,更值得中国家长和基础教育工作者深思。试问:为什么前例中的小朋友不知道什么叫"自己的看法",而该例中的小学生却出乎意料地算出了具体"结果"? 为什么只有少数学生对这道"数学题"的合理性质疑,且质疑者以低年级学生居多、中年级次之、高年级最少? 或许,最为简洁的逻辑前提就是:我们的孩子缺乏问题意识和怀疑精神,在以批判性思维为特质的主体性、自主性方面出现了严重问题。

毋庸置疑,这道试题的"考查要点"在于其自身的合理性,而且考生是否对试题的合理性进行质疑和追问,最能体现其思维品质,也是其数学素养的最好见证。其实,在任何领域,不论是日常生活、社会实践还是科学研究,一个人的关键能力就在于是否能"提出恰当的问题",是否能对"关键问题"进行批判和反思。从理论上讲,教育的核心价值是让受教育者学会提问、善于质疑,培养独立思考和独立判断能力。而令人痛心的是,在"船长的年龄"这个实例中,对于一个本来就"问错了"的问题,对于大多数低年级同学凭借常识就能看出来的"错误问题",很多高年级同学却视而不见、埋头计算,而且算出了所谓的具体"结果"。反观现实,我们不得不面对的惨状是:"随着学生年级的递升,受教育时间的增加,知识量的扩大,学生的好奇心、想象力、创造力反而在逐渐萎缩,问题意识、批判意识在淡漠,而对教师、书本的依赖、盲从、迷信程度则越来越严重。"[①]试问:长此以往,何谈学生的主体性、自主性? 何谈学生的创新精神和实践能力?

---

① 王枬:《智慧型教师的诞生》,教育科学出版社2006年版,第1—2页。

三、探因：一节语文课的潜在规则

如果说本文前两部分中的案例只是描述了基础教育阶段的一种现象和结果的话，石中英在《知识转型与教育改革》一书后记中讲述的故事，则有可能揭示了导致此类现象、此类结果的根本原因。故事情节大致如下：①

> 在小学低年级的一节语文课上，教师正在带领学生学习"小画家"一课。该课文的主要内容是说，冬天下雪了，大雪将整个原野都覆盖起来。清晨，小鹿、小鸡等小动物们都出来了，纷纷用自己的足或爪子在雪地上画出了美丽的图画。教师在完成了教学任务以后，向学生们提出了一个问题：为什么青蛙和蛇没有出来？不一会儿，有一个学生站起来回答说："老师，因为青蛙和蛇没有穿毛衣，怕冷，所以待在家里没出来。"老师听了以后很不高兴，用非常严厉的口吻说："不知道就不要乱说！"在让这个学生坐下后，老师又问全班同学："谁知道？谁能告诉大家正确的答案？"这时候，教室里静极了，再也没有人站起来回答。看到这种情形，老师说："我告诉你们，青蛙和蛇是冷血动物，冬天需要冬眠，所以不可能出来。这个道理等你们上初中以后就明白了。"

我国基础教育阶段的学生为什么缺乏问题意识和怀疑精神？为什么缺乏主体性、自主性？为什么缺乏独立思考和独立判断能力？或许，这个可以命名为"教室里静极了"的故事已经道出了原委——身陷于一种"不

---

① 石中英：《知识转型与教育改革》，教育科学出版社2001年版，第372页。

知道就不要乱说"的课堂文化,受制于一种"只许听老师说"的潜在规则。并不否认,像这个故事中那样明确要求学生"不知道就不要乱说"的教师并不多见,但不难发现,在有些教师的心中乃至日常教学中,依然藏有类似的观念和规则。试问:当一个教师直接告诉学生"正确答案"的时候,或要求学生"不知道就不要乱说"的时候,是基于怎样的知识观和学习观?有没有考虑到学生的学习体验和内心感受?作为这节语文课当事人的教师,是主动的还是被迫的?是清醒的还是盲目的?在"分数至上""片面追求升学率"这一应试教育背景下,一个教师如果没有专业发展意识,没有对教育教学智慧的自觉追求,何以摆脱"专制型教育""灌输式教育"的束缚?何以提升学生的综合素质并促进学生的全面发展?

从一节课的教学目标和教学结果来说,没有哪个教师不期望学生掌握正确的答案、标准的答案,更没有哪个教师期望学生掌握错误的答案、含糊的答案。但问题可能恰恰源自于此。无论在什么学科的课堂教学中,如果在一个教师的头脑中,"结果"总是重于"过程"而意识不到两者之间的内在关联,如果总是期望学生说出正确答案、标准答案,总是要求学生知道了正确答案、标准答案后再发言,必然会限制学生的提问、质疑和表达,必然会压制学生的主体性、自主性,必然会出现"教室里静极了"这样"一言堂"的尴尬局面。

学生的独立思考和精神自由,离不开民主、平等的师生关系,离不开真诚、和谐、开放的课堂,而这一切都需要建立在科学的知识观、儿童观和学习观之上。可以说,一个奉行书本中心、权威至上,不能遵循儿童身心发展规律开展教学的教师,不可能为学生的健康成长创设出安全的课堂和自由的学习情境。"教室里静极了"这种专制型、灌输式教育的根本问题在于对"标准答案"的迷信和崇拜,进而在"只许听老师讲"这一潜规则的约束下,形成了一种"不知道就不要乱说"的听从文化。基于这种潜规则和听从文化的课堂的深层危机在于,轻慢学生的主体性、自主性,忽视学生的问题意识和怀疑精神,扼杀了学生的独立思考和独立判断能力。

教育是一项需要深思熟虑的事业,同时可以说是一项很危险的事业。我们必须警惕的是,现实中的课堂可能是愉悦、欢快、安全的,但也可能是沉默、紧张、恐慌的。进一步来说,在任何学校的任何班级中,都会有一些学生出于语言能力、想象能力、感受能力、理解能力或个人学习方法、努力程度等方面的原因而落后于其他同学。这些学生常常成为课堂上的弱势群体,以致被边缘化、被冷漠、被呵斥、被嘲讽的现象并不罕见。但是,无论一节课传授的知识多么多、多么快、多么深,如果有学生因为成绩不理想或个性方面的一些原因,而处于一种难堪、羞愧、压抑(迫)的学习状态的话,如果有学生面对老师的提问面红耳赤、语无伦次、低头不语,或者回答问题时如履薄冰、战战兢兢的话,这样的课堂绝对算不上什么高效课堂或理想课堂。也正因为如此,如何摆脱知识本位、社会本位、教师本位等传统的教学模式,充分展现课堂的生命性、生活性和趣味性,让学生真正拥有一种轻松、活泼、自由的学习体验,真正享受学习的快乐和幸福,成为近20年来基础教育改革的重点、难点和热点。①

四、寻路:一种哲学味的学科教学

课堂是学校教育教学活动的最重要场所之一,学科教学是学校开展哲学教育的主渠道。这是笔者之所以倡导"多学科渗透哲学教育"的基本前提预设。但是,在基础教育阶段推动哲学教育,不能不考察幼儿园、中小学教师接受过的哲学教育状况以及个人的实际哲学修养。试想,作为一名幼儿园教师、中小学教师,如果在入职前没有接受过良好的哲学教

---

① 李炳亭、郭瑞:《问道课堂Ⅱ:解读现代课堂常识与行动》,山东文艺出版社2012年版,第13—14页。

育,入职后又没有主动学习或受过相关培训,怎么可能拥有良好的哲学素养和明确的哲学教育意识,又怎么可能积极有效地开展相关工作?

自 2014 年以来,笔者在推进"多学科渗透哲学教育"这一行动研究的过程中发现:一方面,幼儿园、中小学教师想要顺利开展哲学教育,必须拥有比较扎实的哲学功底,比较开阔的学科视野和比较系统的儿童认知与发展理论;另一方面,这些教师也会在开展哲学教育的过程中自觉地学习哲学和运用哲学,不断钻研所任教学科的学科本质,不断完善个人的学科知识和教学理论,进而重构个人的哲学观、儿童观和教育观,逐步建立起个人的教学哲学和教育信念。

目前,积极推动幼儿园、中小学哲学教育的理论工作者大致有四类:一是哲学理论工作者,他们具有哲学专业背景,主要研究方向是哲学教学;二是教育学理论工作者,他们具有课程与教学论专业背景,主要研究方向是基础教育改革;三是儿童理论工作者,他们具有早教专业背景,主要研究方向是童年哲学;四是文学理论工作者,主要研究方向是儿童文学。就这四类理论工作者而言,如果直接走进中小学校园(包括幼儿园),与中小学生(包括幼儿)"面对面",亲自开展哲学教育的话,应该都不会遇到多大难题,应该都可以比较顺畅地完成既定的教育教学任务。但不可回避的问题是,这四类理论工作者很少走进幼儿园和中小学,更少走进原生态的课堂,几乎没有与幼儿或中小学生一起聊哲学、做哲学的亲身经历和实践机会。他们更多的时候是旁观者、守望者、评价者、促进者,更多的时候是在进行理论建构、舆论宣传或间接经验总结,有机会与他们"亲密接触"的并不是中小学生和幼儿园的孩子,而是一些较早意识到哲学教育重要性的一线教师和极少数的学生父母。

就这些较早意识到哲学教育重要性的一线教师而言,他们在师范毕业的时候即已在教育学、心理学方面有了一定的基础,或者说都已具备一定的教育学和心理学知识,比较薄弱的理论板块可能在文学和哲学两个方面。而进一步的考察发现，目前在幼儿园、中小学开展哲学教育的一线教师，大多数是具有汉语言文学专业背景的教师，可以说他们也已具备一定的文学理论基础。这是由我国教师教育课程标准和幼儿园、中小学教师任职资格制度决定的。必须承认，让这些教师上语文课或讲一讲文学，并不是什么难题，但他们能不能给中小学生或幼儿园的孩子讲哲学，能不能结合语文（言）教学自如地开展哲学教育，则因人而异。事实证明，具有不同专业背景的教师，或者说，从事不同学科教学的一线教师，在开展哲学教育的过程中会遇到各自不同的问题，这些问题具有明显的个体差异性。但总体来看，这些教师共同面临的问题则是自身的哲学修养和对所任教学科的本质的把握，而最起码的要求是，能够意识到所任教学科与哲学之间的主要区别与内在关联，能够自觉地从教学内容或教学组织形式方面彰显所任教学科的哲学品位——"哲学味"。

　　行文至此，笔者又想起了自己读初三时化学课上一段"开小差"的经历，而且犹豫再三之后，决定形成文字发表，以便与更多的朋友讨论、交流，或许能够为探讨学科教学的"哲学味"提供一种学生的立场和视角。这段经历已经是30多年前的事了。我当时在思考什么问题，后来怎么也想不起来了，但至今清晰记得的是，我那一刻"人在曹营心在汉"——开小差了。那节课老师在讲"碳元素"那一章的内容，而我却不知什么原因，眼睛在看着窗外"发呆"。没想到的是，老师突然大声喊到我的姓名，一字一句地问道："你知道碳元素是什么颜色的吗？"我立马回过神，迅速站起来，吞吞吐吐地说："碳……碳……元……素……是……什……么……颜……色……的？我……我……不……知……道……"这时老师非常生气地说："不知道？！那你就是个笨蛋！"至于那节课我站立了多久，后来是怎么坐下来的，都已经想不起来了。但当天放学刚到家，就被父亲训斥："你今天的化学课是不是开小差、走神了？上课不认真听讲，怎么能读好书……"

前些年,当讨论学科哲学以及通过学科教学渗透哲学教育等问题的时候,我会提起那节化学课上的尴尬与困惑,有时还会与大家展开认真的研讨,但至今难以确定的是:化学老师究竟为什么要那样提问?究竟是为了责难学生还是因为他当时就认为碳元素有颜色?至于我为那个问题困惑了多久,多久之后才确认那个问题本身是有问题的,也想不起来了,但印象特别深刻的是,在后来的化学课上,我再也不敢东张西望了。我就读的那所初中就在家门口,一直敬畏的这位化学老师也姓张,论家族辈分,我喊他叔叔。这位叔叔辛辛苦苦、认认真真教了一辈子书。我初中毕业之后便离开了家乡,一直在外地求学、工作,尽管后来也和这位叔叔见过几次面,但一直没有足够的勇气,也没找到比较恰当的机会问他那节课那么提问的真实用意。

从本质上说,在基础教育阶段开展哲学教育的主要目的是教会学生自主学习和独立思考,懂得以哲学的眼光去认识世界和打量世界,从而过上一种幸福而有意义的生活。在笔者来看,所谓"具有哲学味的学科教学",应该是"学科教学渗透哲学教育"的自然结果。试想:在那节化学课上,作为学生的"我",如果有勇气、有机会反问、质疑,而能够与老师或同学围绕"碳元素的颜色"这个问题展开讨论甚至辩驳的话,会是怎样的课堂情景?会达到怎样的教学效果?事实上,无论是什么学科的课堂教学,只有把话语权真正还给学生,允许"乱想""乱说"的时候,才可能真正具有哲学的味道,学生才可能真正拥有"真实的问题""真实的想法"和"真实的收获",才不至于有那么多学生为"船长的年龄"苦思冥想、瞎编乱造。

五、造势:一间多功能的智慧教室

在基础教育阶段开展哲学教育的基本价值在于,呵护这一阶段学生的哲学天性,训练这一阶段学生的哲学思维,为这一阶段学生的哲学人生奠基。这三个方面的价值内在关联、相辅相成。但从前文四部分的探讨来看，目前最需要也最薄弱的环节是基于不同学习领域和学科教学的哲学思维训练。

既然好思、好学、好问是幼儿和中小学生的天性，我们的幼儿园和中小学就应该创设宽松、自由的学习空间和成长环境，让这一阶段的学生乐思、乐学、乐问，这样才可能培养出善思、善学、善问的优秀公民。从部分学校开展哲学教育的实际效果来看，倡导以"哲思"为特质的学科教学，以"学科渗透"的形式开展行动研究，不但能够引发课堂教学的深刻变革，而且有可能打造富有智慧的哲思型教师和哲思型学校。

从理论上讲，学校教育的根本问题包括"培养什么人""怎么培养人"和"为谁培养人"三个方面，而一旦落实到不同的学科教学，则细化为"教什么""怎么教"和"为谁教"三个更为具体的问题。从我国现行教育管理体制来看，一线教师要想弄清楚"教什么""怎么教"和"为谁教"，最可行、最便捷的手段就是回到国家颁布的基础教育课程改革纲要和相关学科的课程标准，并对与之配套的各类教材尤其是教科书进行深度解读和加工。只有这样，在实际的课堂教学中，教师才有可能以不变应万变，真正做到"用教材教而不是教教材"，学生才有可能自主学习、独立思考，真正做到"用教材学而不是学教材"。

为了更具体地探讨"学科教学渗透哲学教育"的哲思意义与启蒙价值，我们不妨回到本文第三部分中点评过的"小画家"那一课，对那节课的教学内容和教学方法进行更细致的考察和论证。经检索发现，"教室里静极了"所讲的"小画家"那篇课文，本来的标题是《雪地里的小画家》，现在是人民教育出版社（2016版）一年级小学语文上册第12课的内容，原文如下：

下雪啦，下雪啦！

> 雪地里来了一群小画家。
> 小鸡画竹叶，小狗画梅花，
> 小鸭画枫叶，小马画月牙。
> 不用颜料不用笔，几步就成一幅画。
> 青蛙为什么没参加？
> 他在洞里睡着啦。

　　作为一首儿童诗，这篇课文不但读起来朗朗上口，韵味十足，而且非常生动地讲述了四种动物爪（蹄）的形状和青蛙冬眠的自然属性，富有童真和童趣。但需要特别注意的是，这首诗中既有拟人化的文学表达，又有科学知识的设问与导入。在实际教学过程中，教师必须自觉地在文学修辞和科学启蒙之间进行灵活、适度的切换，才有可能兼顾儿童诗性思维和求真思维的协调发展，而一不小心，把握不好分寸，就有可能压抑学生的想象力和好奇心。科学知识、科学思维的核心品质是"实事求是""滴水不漏"，所追求的是"铁板钉钉""准确无误"，而文学构思的显著特征是"随心所欲""天马行空"，所推崇的逻辑是"既在意料之外，又在情理之中"。就"教室里静极了"这个教学故事而言，教师的根本"失误"在于忽视了学生的知识基础和认知水平，自以为是而又非常突兀地抛出了"冷血动物""冬眠"之类的生物学名词（概念）。

　　正常情况下，在我国基础教育阶段，具有教师资格而专门从事教学工作的人员，就拥有教育学、心理学、教学法等方面的一般性知识，也都有自己特定的专业（学科）背景。总体而言，基础教育阶段教师的知识结构，主要由以学科知识为主的本体性知识、以教育学和心理学为主的条件性知识以及开展教育教学活动所需要的实践性知识三部分组成。但是，我们在推进儿童哲学教育的过程中发现，这些知识本身的深度与广度，包括一线教师在教育教学实践中运用这些知识的熟练程度，尚不尽如人意，尤其是在知识的分科教学和综合运用方面,不少教师会有力不从心的表现。从科学教育的角度来讲,《雪地里的小画家》这首儿童诗确实比较自然地提出了一个常识性的科学问题,可以很好地调动小学生的好奇心,激发他们的想象力。但作为一名语文教师,如何打通诗性思维和求真思维之间的逻辑通道,如何结合诗歌讲好"冬眠""冷血动物"之类的科学概念,如何恰到好处地"点拨"或"留白",确实是一件很不容易的事情。

对于一名优秀教师而言,通过一门学科教学可以传授多门学科知识,利用一间学科教室可以实现多重教育功能。显然,《雪地里的小画家》这首儿童诗,不同的语文教师会使用不同的教学方法,而且不同的科学教师来教这首诗,所使用的教学方法也会有诸多不同。而这些不同教学方法恰恰展示了不同教师的专业功底和教育教学智慧。"智慧是教育的内容,也是教育的手段和目的,教育对智慧具有内在性和必然性要求。作为传道、授业、解惑者的教师,不能没有智慧,智慧是教师职业的灵魂和魅力。"[1]因此,近年来,教育学界越来越强调大主题教学和跨学科教学,越来越重视智慧教师培养和智慧教室建设,而且也正是在建设和使用智慧教室的过程中,更加清晰地认识到了它的多重育人价值与功能。

六、守望:一批爱哲学的一线教师

没有智慧的教师,何来智慧的课堂?没有智慧的课堂,何来智慧的少年儿童?在基础教育阶段开展哲学教育,需要一门又一门精品课程,需要一间又一间智慧教室,更需要一批又一批爱学哲学、爱讲哲学、爱用哲学的智慧型教师。这类教师的显著特点是勇于"自我批判"和"自我反思",因而可称为"批判反思型教师"(reflective teachers)。在"批判反思型教

---

[1] 张荣伟:《当一名好教师的四个要件》,《新教师》2014年第1期。

师"的眼中,每个教师的教学都不一定像自己想象的那样完美无缺、无懈可击,每个学生也不一定像教师想象的那样喜欢自己的教学方法和教学内容。

我们常说"教育即启蒙""教育即唤醒",但启蒙和唤醒的前提是教师自身成为热爱教育智慧、追求教育智慧、拥有教育智慧的人。"通览教育史,每个生生不息的民族都有自己独特的教育智慧,都有许多关于教育智慧和智慧教育的故事代代传承。具有五千年文明的中华民族,同样积累了丰富璀璨的教育智慧。这些以故事、对话、格言、语录、史料等形式存在的教育智慧,对于今天的教师而言,显然是无价之宝,理当充分开发和利用。"①

哲学常常被定义为一门"爱智慧"的学问,哲学也常常被视为教育的一般理论。一线教师对于哲学的热爱,其实就是对于教育智慧的热爱。严格来讲,一个爱哲学的一线教师的第一要务,并不是简单机械地去学习或讲解某个哲学观点或某种哲学流派,而是要在不断反思个人专业实践(向经验讨教)的基础上,坚持专业阅读(向大师讨教)、专业交往(向同行讨教)和专业写作(向自己讨教),将自己"修炼"成为一名有哲学功底、有哲学素养、有哲学眼光的智慧型教师。正如朱小蔓教授所言:"教育智慧是优秀教师内在的秉性、学识、情感、精神等个人独具性格化的东西在特定的情境下向外的喷涌和投射。""智慧型教师那临场的天赋、即席的创作、完美的应答以及润物细无声的绝妙,是孩子们成长的福音。"②

《中国青年报》上曾刊登过一则新闻:

> 近日,福州8岁的二年级男孩小冯发现,课文《羿射九日》中前一

---

① 张荣伟:《当一名好教师的四个要件》,《新教师》2014年第1期。
② 田慧生:《智慧型教师素质探析》,教育科学出版社2005年版,第3页。

段刚提到"江河里的水被蒸干了",下一段又提到"他蹚过九十九条大河,来到东海边"。因此他质疑道:"既然晒干了,那后羿是怎么蹚的?是不是课文出错了?"

对于这个男孩的发现与质疑,人民教育出版社官方微博发文称:

  这个孩子敢于质疑,能够边读边思考,提出了很好的问题。联系上下文,"蹚"字的确用得不恰当。教材编写组正在认真研究,会对教材进行适当修改。

教育部统编教材中出现这种逻辑错误,确实非常尴尬,不仅人教社、教材编审者难辞其咎,而且一线(语文)教师也需要认真反思。课本中的问题由一个8岁的孩子首先指出,让我们见证了小学生的问题意识和怀疑精神,但相比较而言,一线教师却稍显迟钝而"慢了一拍"。其实,这则新闻不仅凸显了语文教材的尴尬,还在一定程度上凸显了其他学科教材的尴尬。好在,"羿射九日"属于古代神话,无论教师还是学生,都不会信以为真。更尴尬、更危险的是,当前的教材中依然有不少虚构的故事被当成事实,依然存在牵强附会的心灵鸡汤以及似是而非的德育案例。对此,我们必须予以高度重视!

目前,在我国基础教育阶段的课程方案中,没有哲学教育方面的明确规定和要求,因而在幼儿园和中小学中,主动给学生讲哲学、自觉与学生聊哲学或跟学生一起做哲学的教师非常少。而事实上,无论是幼儿园五大领域的教学内容与教学方法,还是中小学各学科的课堂教学,都可以和哲学有机地联系起来,也都需要逻辑层面、价值层面和审美层面的观照与引领。当然,在基础教育阶段开展哲学教育的首要任务是引导学生"像哲学家一样"质疑、探究、辩驳和论证,而不是要开设一般意义上的讲授哲学知识的哲学课。从"学科教学渗透哲学教育"的角度来看,教师必须深入思考所教学科的本质特征,必须深入研究所教学科与哲学的历史渊源,以便从哲学的高度认识和把握学科知识的情境性、相对性与不完整性——并非所有问题都有明确无误的标准答案;相反,很多问题的研究都需要坚持联系、发展和辩证的观点。

近年来,在网络上乃至日常生活中,常常有人开玩笑说:你的语文(数学、外语……)是体育老师教的吗?有意无意地将各个学科的教学问题"推托给了"体育老师。不难发现,本文将解决各个学科教学问题的重担"托付给了"那些爱哲学的一线教师。"我们会记住我们喜爱和憎恨的教师,我们会模仿那些让我们敬佩的教师,我们呼唤那些在早年生活中就学到的价值观——对别人、对更广泛的社会应该负有什么责任。"[1]也许,在不久的将来,人们会有意无意地赞叹说:你的体育是哲学老师教的吗?你们学校的语文(数学、外语……)课好有哲学的味道!而等到那一天真正到来的时候,我国基础教育阶段的课堂教学改革,肯定又找到了一种颇有新意而又富有成效的重要举措,甚至在教师教育课程体系中,乃至在幼儿园和中小学的课程方案中,都已对哲学教育的形式与内容进行了具体而又明确的规定。

---

[1] 〔美〕斯蒂芬·布鲁克菲尔德:《批判反思型教师ABC》,张伟译,中国轻工业出版社2002年版,第61页。

论"教"与"学"的五种关系范型

"教"与"学"的关系问题是教学论的根本问题,但在这个根本问题上常常出现片面性或绝对化理解,在实际教学中常常出现从一个极端走向另一个极端的现象。值得关注的是,历经 20 多年新课程改革之后,对于"教"与"学"的关系的认识取得了很大进步,大致形成了以"少教多学""先学后教""以学定教""教学合一""教学相长"为主题词的教改话语。总体来看,这五句比较流行的四字词语大致概括了当下较为理想的教学关系范型。

一、少教多学:一种批判"多教少学"的有效教学理念

四字词语的显著特征是言简意赅、易记易诵。"少教多学"最早见诸 2001 年 11 月《呼伦贝尔学院学报》第 9 卷第 4 期上的《论"少教多学"》一文。何谓"少教多学"?作者认为,作为一种教学策略,首先要充分体现学生的主体地位,其次要注意发挥教师的主导作用,再次要在教学中大力倡导"学导式"教学模式,最后要处理好教师教与学生学在数量上的比例关系,把教学的大部分时间用于学生的学。如何实施"少教多学"?该文指出,一是要把"讲堂"变为"学堂",只有教师少教,学生才能多学;二是"少教"要教到点子上,"少教"不是让教师降低教学的标准和要求,而是要求教师提高教学效率;三是"多学"要教学生学会学习,要特别注意培养学生既爱学习又会学习的品质。整体上看,《论"少教多学"》一文,意在从"教学策略"和"学会学习"两个维度阐释"少教多学"的内在意蕴,核心观点就是:教学过程中教师应创造条件为学生多提供自学的时间,教学生掌握自学的方法,培养学生具备自学的能力。

另一篇较早正式论述"少教多学"的文章,当数《考试周刊》2007 年第

48 期上发表的《智慧不能言传——少教而多学教学观之我见》。该文认为,要发展学生的智慧,教师在教学中要尽量少教而引导学生主动去多学。所谓"少教",就是教师应该是组织者、引导者,不要事事全包,讲要讲在关键处,该讲的要讲深讲透,使学生理解知识的来龙去脉,而学生通过一定的努力自己能理解、掌握的要尽量少讲、不讲。所谓"多学"是指学生在教师的精心引导下,对所学内容产生浓厚的兴趣,积极、主动去发现、探究,从而学会学习。为此,该文提出了"少教多学"的四个策略:一是利用丰富而合适的知识内容作为载体,激发学生学习兴趣;二是加强学习方法的指导,让学生学会学习;三是搭建教学支架,创设学生主动学习的平台;四是有针对性地采用多种有效的教学方式。

通过进一步的文献检索发现,"少教多学"这一概念出现并得以流传开来,与学界对新加坡"少教多学"(teach less, learn more—TLLM)教育改革项目的译介有直接关系。相关论文主要有《外国中小学教育》2008年第 7 期上发表的《"少教多学"——新加坡教育改革新视角》、《中国成人教育》2008 年第 16 期上发表的《新加坡"少教多学"教学理念的启示》、《辽宁师范大学学报》2010 年第 5 期上发表的《素质教育改革:从量到质的转变——谈新加坡"少教多学"教育改革》、《全球教育展望》2010 年第 5 期上发表的《新加坡"少教多学"教育改革及其启示》、《中国民族教育》2010 年第 9 期上发表的《新加坡倡导"少教多学"教育理念》。这些文章发表后,立即有很多教育网站转载,并得到不少学者及一线教师的响应,"少教多学"随之成为教改话语中的一个高频词,其内涵和外延也因而得到更为全面的阐发。

其实,真正伟大的教育思想总是超越时代和疆域的。通过比较可知,无论是作为一种教学策略还是一种教改理念,"少教多学"的生成与发展都是一个来自本土和外域的双向建构过程。就其核心精神而言,古今中外的教育家都有过大同小异的论述。譬如,在《大教学论教学法解析》一书中,夸美纽斯就曾承诺过"一种伟大的教学法"——将一切事物教给一切人的无所不包的艺术,其主要目的就是"使教员可以少教,学生可以多学,使学校可以成为更少喧闹、更少令人厌恶的事、更少无效的劳作,而有更多闲逸、更多乐趣和扎实进步的场所"[①]。又如,《学会生存——教育世界的今天与明天》一书指出:"教师的职责现在已经是越来越少传授知识,而越来越多地激励思考。除了他的正式职能,他将越来越多地成为一个顾问,一位交换意见的参加者,一位帮助发现矛盾论点而不是拿出现成真理的人。他必须集中更多的时间和精力去从事那些有效果的和有创造性的活动:互相影响、讨论、激励、了解、鼓舞。"[②]再如,《学记》强调:"善歌者使人继其声;善教者使人继其志。其言也,约而达,微而臧,罕譬而喻,可谓继志矣。""故君子之教喻也:道而弗牵,强而弗抑,开而弗达。道而弗牵则和,强而弗抑则易,开而弗达则思。和易以思,可谓善喻矣。"这一系列论述均表达了一种"少教多学"的理念。

总之,有效性是任何教育教学改革都无法越过的主题。甚至可以说,现代学校和班级授课制的出现,正是追求教育教学有效性的必然结果。其中,"少教"追求的是效率,注重的是教的质量而非数量,而"多学"追求的是效果,注重的是对知识理解的深度以及由此所形成的创造力、想象力和解决问题的实际能力。授人以鱼,不如授人以渔。但现实中,仍然有不少人没有意识到,他们所信奉的"少教少学""多教多学",其实是一种假象,很多时候纯属一厢情愿。对于学生而言,勤能补拙,但对于教师而言,多教未必多学,而且往往适得其反。事实上,"多教"很多时候都是低效、无效甚至负效的,跟"拔苗助长"没有什么差别。

[①] 〔捷克〕夸美纽斯:《大教学论教学法解析》,任钟印译,人民教育出版社2006年版,第6页。
[②] 联合国教科文组织国际教育发展委员会编:《学会生存:教育世界的今天与明天》,华东师范大学比较教育研究所译,教育科学出版社1996年版,第108页。

二、先学后教：一种突破"先教后学"的课堂教学模式

在实际的课堂教学中，以"教"与"学"的活动秩序为视角，可以划分出"先教后学"和"先学后教"两种模式。其中，传统的"先教后学"模式是一种"传递—接受式"教学，而现代的"先学后教"模式是一种"指导—自主式"教学。"师者，所以传道、受业、解惑也。"正因为"学"对于"教"有依赖性，"先教后学"模式（即"组织教学—检查复习—讲授新课—巩固复习—布置作业"五段式教学），才会深入人心，以至于根深蒂固。但是，这一模式对于学生独立性、自主性的漠视，以及由此产生的种种恶果，有目共睹。其中，教师居高临下，学生亦步亦趋，以致"上课记笔记—下课背笔记—考试考笔记—考后全忘记"成为比较普遍的教学形式。

与"少教多学"类似，在日常教学改革话语中，"先学后教"往往也被当作一个不言而喻、不证自明的概念使用。如果说"少教多学"强调的是教学效率、教学效果，"先学后教"强调的则是一种自主导向型学习形式。如果将"少教多学"理解为"精讲多练""举一反三"，"先学后教"则表征为"先练后讲""豫时孙摩"。据考证，作为一个独立概念，"先学后教"最早在邱学华倡导的"尝试教学"实验中被提出，后经江苏省洋思中学、东庐中学以及山东省杜郎口中学的大规模实践后，才作为一种典型性的课堂教学模式而出名，并逐渐演化出"先学后教，分层推进""先学后教，作业前移""先学后教，以教促学""先学后教，以学定教"等多种变式。

以"先练后讲，先试后导"为核心的"尝试教学法"实验始于 20 世纪 70 年代末，目的在于培养学生的自主意识、探索意识和创新意识。实验证明，"尝试教学法"不但花时少、效果好，而且有利于提高课堂教学效率，减轻课外作业负担。尝试教学理论的实质就是创设一定的教学条件，让学生在尝试中学习，在尝试中取得成功。它改变了传统的教学模式，不

再是先由教师讲解,把什么都讲清楚了,学生再做练习,而是先由教师提出问题,学生在旧知识的基础上自学课本和互相讨论,通过尝试练习去初步解决问题,最后教师根据学生尝试练习中的难点和教材的重点,有针对性地进行讲解。尝试教学法的基本假设是:学生能尝试,尝试能成功,成功能创新。①

1981年开始正式招生的江苏省泰兴市洋思中学,在"没有教不好的学生"办学理念引领下,逐步形成了"先学后教,当堂训练"教学模式。该校倡导"教是为了不教",教师讲课时间一般不超过十分钟,有的只有四五分钟。同时,将"堂堂清、日日清、周周清、月月清"作为减负的根本保证。在教学过程中,该校主张"学生为主体,教师为主导":学生能够自己发现的问题,让他们自己去发现;学生能够自己解决的问题,让他们自己去解决;学生不能发现和解决的问题,教师引导和帮助他们去发现和解决。洋思模式的秘诀是:课堂上必须让学生先学;教师在充分了解学情的基础上施教,有问题则多讲,无问题则少讲,甚至不讲;在"先学"和"后教"的基础上,再进行针对性的巩固、深化、迁移、训练。② 可见,洋思模式的实质就是充分调动学生的学习兴趣,激发其学习潜能,让学生在真正动脑、动手、动口、动心的基础上,实现自主探索、自主建构和自主发展。

东庐中学是江苏省溧水区的一所乡镇初级中学。该校从1999年开始学习洋思中学,逐步摸索出一条以"讲学稿"为载体的教改新路。所谓"讲学稿",集教案、学案、作业、测试于一体,是学科教学中师生共用的文本。"讲学稿"的设计,特别关注学生学习的过程及其有效性,特别关注教师教学的针对性和课堂上师生的互动性。"讲学稿"主要目的是给学生提供一个拐杖让学生尝试自学,对教师而言,不但要了解学生的学习意向、

---

① 邱学华:《让孩子在尝试中创新》,《江西教育》2001年第2期。
② 秦培元、刘金玉:《先学后教,当堂训练:洋思教育的密码》,《江苏教育研究》2011年第3期。

学习兴趣和主要困难,而且要吃透教材的编写意图、知识结构以及对不同层次学生的学习要求。对于学生而言,课前要根据"讲学稿"认真预习、自学,把握重、难点,课中要及时记录学到的新知识、新内容和有关心得,课后要定期将各科讲学稿进行归类整理,装订成册。目前,东庐中学的"讲学稿"已闻名全国,不仅在各地初中推广,而且很多高中、小学也在试行,各种形式的"讲学稿""导学稿""导学案"纷纷出炉。

山东省茌平区的杜郎口中学的教改精髓体现在最大限度地把课堂还给了学生。从1998年起,该校的课堂评价就定位在不看教师看学生,不看教师讲得多么精彩,而是看学生学得是否主动。该教室里没有讲台,除了一面墙有玻璃窗,其余三面全是黑板。师生合作、小组学习成为课堂教学的重要组织形式,讨论法成为广大师生一致认可的学习方式。在一节课的45分钟内,教师讲课时间不超过10分钟,其余时间全由学生自己主宰,教师所承担的任务是启发、引导。杜郎口教改被概括为"'三三六'自主学习模式"。其中,第一个"三"指的是课堂教学三个追求:立体式、大容量、快节奏;第二个"三"指的是"预习—展示—反馈"三个环节;"六"是指六个教学步骤:预习交流、明确目标、分组合作、展现提升、穿插巩固、达标测评。①

以上之所以概述"尝试教学法"以及洋思、东庐、杜郎口的教改实况,目的在于揭示"先学后教"的核心精神以及突破"先教后学"模式的多种可能路径。从根本上讲,"先学后教"的根本目的在于培养创新精神和实践能力,使学生爱学、勤学、会学,因而特别强调自学、启发、对话,反对直接告知答案。但需要注意的是,"先学"不是无方向、无目标的"先学",而是有目的、有计划、有指导的"先学"。相比较来看,"先教后学"的缺陷是教

---

① 茅卫东、李炳亭:《杜郎口模式:一所乡镇中学的颠覆性教学改革》,《基础教育》2006年第6期。

师包办代替、一教到底,学生一旦离开教师往往不知所措。而"先学后教"将"教"变成了"导",强调在充分了解学生、教材的基础上,从学生的角度设计教学。其优点是遵循个体认知规律,关注过程和方法,关注对话和引导,教师讲得少而学生体验多、收获多。"先学后教"课堂教学改革的实践证明:最理想的教育是自我教育,最有效的学习是自主学习。

三、以学定教:一种反驳"以教定学"的教学活动逻辑

"以学定教"这一词语,最早见诸杨福海1994年3月在《课程·教材·教法》上发表的《重视学法指导,切实提高学法指导的实效性》一文。作者在探讨"学法指导"时,提出了"以学定教"的论点,但没有进行概念界说。同年4月,李其华在《内蒙古教育》上发表的《以学为轴认真备课》一文,从"备课"的角度阐释了"以学定教"的可能意义:"教师与学生是教学中矛盾的两个方面,两者都是备课的重点,教师应该充分地研究自己,找出与学生的内在联系,以教引学,以学定教。不断否定自己,不断超越自己,不断扬弃自己。让教师的主导作用与学生的主体作用统一在'教'与'学'的矛盾中,达到预期的备课效果。"

时隔3年,韦国锋在《广西教育》1997年第3期上发表了《以学定教——凸显主体的课堂教学思想》一文。文章开篇即对"以学定教"进行了界说:"以学生的身心发展素质为基础,以科学的学习规律为依据,以科学的学习方法为纲要,以发展思维、提高学习能力为主线,以素质充分发展为目标,以高效的学习思路为设计蓝图,遵循相应的教学原则,让学生在积极主动的学习活动中,建立合理的知识结构,获得科学高效的学习方法,形成较强的学习能力,养成良好的思维品质,身心素质和谐发展。"这算是"以学定教"的最早定义。文中还提出了"以学定教"的四大教学原则:学路优先原则、学法优先原则、能力优先原则、思维主线原则。此文发

表10年后,韦国锋在《基础教育研究》2007年第12期上发表了《"以学定教"的十年研究》一文,对"以学定教"的理论演变和实践探索进行了比较系统的回顾和梳理。论文通过中国知网数据库对"以学定教"进行文献(1997—2005)统计后慨叹:"提及'以学定教'的文章数量不少,但以'以学定教'作为标题或关键词的文章却不多。绝大多数文章是学科教学中的方法层面上的'以学定教',理论研究几乎仅限于笔者1997年的那篇文章。"

面对如此"慨叹",为了把握"以学定教"在不同语境下的基本内涵,我专门对2005—2011年的相关文献进行了后续检索,发现依然缺乏关于"以学定教"的本体性、学理性研究,大都将其作为一个自明的、想当然的教改理念或教学原则在使用。仔细想来,这也不足为怪。大道至简,真正富有生命力的教育格言、成语、警句等,总是能够删繁就简、以一驭万,于简单、朴素中把握复杂而深奥的道理。"以学定教"之所以能够为众多教育者心悦诚服地接受,其魅力就在于它非常精辟地概括了一种比较理想的教学活动逻辑,具有启迪、鼓舞和警示作用。这里所谓"教学活动逻辑",即教学活动发生、发展必须遵循的基本原则、内在规律。实践证明,凡违背"以学定教"这一活动逻辑的教学行为,必问题重重而无法实现其应有功能。无论是"少教多学"还是"先学后教",其实都显示出对于"学"的关注,以及教学重心由"教"向"学"的位移。而这种"关注""位移"的根本依据就是"以学定教"这一教学活动逻辑。或者说,无论是"先学后教"还是"少教多学",都认同和遵从"以学定教"这一前提预设,都将"以学定教"作为理论和实践的逻辑起点。

其实,"以学定教"的基本精神就是从"以教为中心"转向"以学为中心",实现有效教学,所强调的就是教师的"教"必须指向学生的"学",落脚到学生的"学",促进学生的"学"。显然,这种"生本论""学本论"的教学改革思想的根本旨趣就是"因材施教"。从理论上讲,在"教"与"学"这对矛盾中,学生的"学"是矛盾的主要方面,教师的"教"是矛盾的次要方面。或者说,"学"是教学活动的内因,"教"是教学活动的外因。因此,"学"制约着"教","教"要服从于"学",主动适应于"学"。毕竟,"教"只是手段,"学"才是目的。但遗憾的是,现实中的很多教学活动,并没有按"以学定教"逻辑行事,而是按照老套的"以教定学"在运作,师讲生听、师问生答、师写生抄,明显地呈现出教师中心、教材中心、课堂中心,以致教师教什么,学生就学什么,教师教多少,学生学多少,教师怎么教,学生就怎么学。长此以往,何谈学生的主体性、能动性和创造性?何谈自主学习、合作学习和探究学习?

以"教"与"学"的关系为视角,最容易看出现行教学的种种弊端,也最容易发现现代教育的真正误区。教学改革的过程就是一个不断激发潜能、促进和完善"学习"的过程。从支配与被支配的关系来看,我们完全可以将"学"视为教学的主轴,将"教"视为辅助性、支持性、配合性活动。正因为教师的"教"是为了学生的"学",一切教学目标的设计、教学策略的选择、教学方法和手段的运用、教学评价标准的制定等,都应该有利于学生的"学",都应该为学生学有所得服务。同样,教师就不应充当导演的角色,而应成为学习情境的创造者、组织者,成为学生学习活动的参与者、促进者。正如《学会生存——教育世界的今天与明天》一书所言:"我们应使学习者成为教育活动的中心,随着他的成熟程度允许他有越来越大的自由;由他自己决定要学习什么,他要如何学习以及在什么地方学习及受训。这应成为一条原则。"[①]

总之,学生的身心发展规律(认知规律和心理特征)和学习情况(学习内容、学习基础、学习习惯),直接决定着教师的教学内容、教学策略和教

[①] 联合国教科文组织国际教育发展委员会编:《学会生存:教育世界的今天与明天》,华东师范大学比较教育研究所译,教育科学出版社1996年版,第263页。

学组织形式。"以学定教"就是要以学的方式定教的方式,以学的内容定教的内容,以学的进度定教的进度。一切教学活动,只有从学生的实际情况出发,把"教"建立在"学"的基础上,把教师的"教"和学生的"学"有机地结合起来,才能取得预期的效果,才能真正促进学生的健康发展。真正有效的教学,不但要备教材、备教法,更要备学生。真正理想的教育,不但强调个性发展,而且注重有针对性的差异教学。

四、教学合一:一种针对"教学分离"的教学协同意识

"教学合一"这一概念,最早由我国著名教育家陶行知于1919年2月24日在《时报·教育周刊·世界教育新思潮》中提出,后来在不断阐释和实践的基础上,上升为"教学做合一",与"生活即教育""社会即学校"联结,成为"生活教育"的基本原则。

针对当时学校"重教太过""教学分离"现象,陶行知在《教学合一》一文中批评道:"学校里的学生除了受教,也没有别的功课。先生只管教,学生只管受教,好像是学的事体,都被教的事体打消了。论起名字来,居然是学校;讲起实在来,却又像教校。这都是因为重教太过,所以不知不觉地就将教和学分离了。然而教学两者,实在是不能分离的,实在是应当合一的。"[①]为此,他提出了"教学合一"的三个理由:一、先生的责任不在教,而在教学,而在教学生学;二、教的法子必须根据学的法子;三、先生不但要拿他教的法子和学生学的法子联络,并须和他自己的学问联络起来。相比较来看,第一种和第二种理由所强调的是教师的"教"与学生的"学"应该"合一"(即所谓的"联络"),这与"以学定教"的思想基本一致。第三种理由所强调的则是教师本人应该边教边学、不断进步。在陶行知看来,

---

① 《陶行知全集》(第一卷),四川教育出版社1991年版,第21页。

"必定要学而不厌,然后才能诲人不倦;否则年年照样画葫芦,我却觉得十分的枯燥"。"做先生的,应该一面教一面学,并不是买些知识来,就可以终身卖不尽的。现在教育界的通病,就是各人拿从前所学的抄袭过来,传给学生。看他书房里书架上所摆设的,无非是从前读过的几本旧教科书;就是这几本书,也还未必去温习的,何况乎研究新的学问,求新的进步呢?先生既没有进步,学生也就难有进步了。这也是教学分离的流弊。那好的先生就不是这样,他必定是一方面指导学生,一方面研究学问。"①这与"教学相长"的核心思想基本吻合。

但是,如何才能打破"教学分离"现象?或者说,"教学合一"的具体途径是什么呢?陶行知从"教学做合一""在劳力上劳心""以教人者教己"等不同维度给出了比较系统的解答。关于"教学做合一",陶行知主张"事怎样做就怎样学,怎样学就怎样教;教的法子要根据学的法子,学的法子要根据做的法子"。同时,"教学做是一件事,不是三件事。我们要在做上教,在做上学。在做上教的是先生;在做上学的是学生。从先生对学生的关系说:做便是教;从学生对先生的关系说:做便是学。先生拿做来教,乃是真教;学生拿做来学,方是实学。不在做上用功夫,教固不成为教,学也不成为学"②。关于"在劳力上劳心",陶行知认为"必须把人间的劳心者,劳力者,劳心兼劳力者一齐化为在劳力上劳心的人,然后万物之真理都可一一探获,人间之阶级都可一一化除,而我们理想之极乐世界乃有实现之可能。这个担子是要教师挑的。唯独贯彻在劳力上劳心的教育,才能造就在劳力上劳心的人类;也唯独在劳力上劳心的人类,才能征服自然势力,创造大同社会"③。关于"以教人者教己",陶行知归纳出一条非常重要的学理——"为学而学"不如"为教而学"之亲切。他认为:

---

① 《陶行知全集》(第一卷),四川教育出版社1991年版,第23—24页。
② 《陶行知全集》(第一卷),四川教育出版社1991年版,第125—126页。
③ 《陶行知全集》(第一卷),四川教育出版社1991年版,第130页。

"'为教而学'必须设身处地,努力使人明白;既要努力使人明白,自己便自然而然的格外明白了。"①这样,陶行知从教、学、做的协同性,劳力与劳心的协同性,以及教育者边教边学的协同性三个方面,构建了一个打破"教学分离"的行动框架。

陶行知"教学合一"思想的核心问题是:如何把教师的"教"与学生的"学",以及教师本人的"教"和"学"真正有机地统一起来？显然,这依然是今天的教学论还在探讨的一个非常现实的话题。其中,关于教师的"教"与学生的"学"的统一问题,目前的观点大致可以用"以学定教"来概括,简言之:教师不应目中无人,只根据个人喜好决定教学内容和教学方法,而应充分了解学生的知识储备、认知结构、学习经验等各方面情况,将自己的教学特长、教学风格和学生的学习条件、学习兴趣、学习习惯等有机地结合起来。关于教师本人的"教"和"学"的统一问题,目前的观点越来越接近"教学相长"的原始意义,即教师不仅是"教者",还应是"学者"。因为"名师出高徒""师不强弟子弱"。只有为学生、为教学而手不释卷的教师,才能在自我发展的同时,更好地促进学生的进步。相反,一个只教不学"吃老本"的教师,最终必然江郎才尽而只能老生常谈、重复自己。

当然,无论是在深度上还是广度上,目前对于"教学合一",对于"教"和"学"的关系的认识,都已超越了陶行知当年的论域。除在教学的情境性、预设性、生成性、有效性等方面积累了比较丰富的成果外,学界还从主客体对话的角度、师生伦理的角度、综合实践课程的角度以及现代教学技术的角度,展开了富有创见的理论和实践探索。当前,一种比较通行的教学关系框架是:教学是"教"和"学"的双边互动行为,教学是整体的而不是分离的,"教"离不开"学","学"也离不开"教",两者彼此依存、辩证统

---

① 《陶行知全集》(第一卷),四川教育出版社1991年版,第132页。

一。"教学合一"的根本旨趣在于,促进教师主导作用和学生主体作用的充分发挥和有效联合。具体而言,教师与学生之间不是一种简单的给予、接受关系,更不是简单的操纵、控制关系,而是一种民主、平等、协作、互助的"伙伴"关系。只有这样,师生双方才能真正敞开心扉、相互理解,实现知识、生活与生命的深刻共鸣。

五、教学相长:一种超越"教学互损"的教师职业境界

在中国教育思想中,"教学相长"是一个广为人知的经典概念。它出自《礼记·学记》:"虽有嘉肴,弗食不知其旨也;虽有至道,弗学不知其善也。是故学然后知不足,教然后知困。知不足,然后能自反也;知困,然后能自强也。故曰:教学相长也。《兑命》曰:'学学半。'其此之谓乎!"大意是:"虽然有好菜摆在那里,不吃不知道它的美味;虽然有至善的道理,不学不知道它的美好可贵。因此,学之后才知道自己的知识不够,教之后才知道自己的知识不通达。知道不够才会自我反省,努力向学;知道不通达,才会自我勉励,发奋图强。所以说:教与学互相促进。《尚书·兑命篇》说:'教别人的同时能够收到一半学习的效果。'正是这个意思!"

依此语境推断,"教学相长"的本义是"教与学相互促进",所概括的是"教者"个人"教"和"学"之间的协同关系,与陶行知所言的"以教人者教己""为教而学"异曲同工,都意在强调"一边教一边学"之于教师自己学问长进的重要价值。由此来看,"教学相长"当是一种对教师专业发展具有深刻启示意义的教学观。但值得注意的是,在后来关于教学关系的话语中,"教学相长"的含义却有了许多延伸。它不仅被用以阐释教师"为教而学"的个人意义,还被用来强调教师和学生之间、教师的教和学生的学之间相互影响、相互促进的关系。在当前的教学改革话语中,与其原意相比,"教学相长"中"长"的主体、内容、方式等都发生了诸多变化,衍生了不少新意。

就"教学相长"中"长"的主体而言,当前不仅看重教师成长,还看重"师生共同成长"。也就是说,"长"的主体不再是单一主体教师,而是教师、学生双主体。这一"教学相长"双主体话语的形成,与恶劣的教育境况有直接关系。一般而言,教学活动促进学生成长,是应然也是实然的事情,但教学活动促进教师成长,却是有待阐释和实证的事情。更糟糕的是,现实的教学活动中竟出现了不是"互长"而是"互损"的情况。最为突出的表现就是教学(师生)关系的僵化、异化:教师厌教、学生厌学,师生处于一种紧张乃至对立的关系中。这可以归因于专业素养、职业倦怠,也可以归因于市场主义、应试主义等大环境,但必须直面的事实是,一些教师越来越"不会教"的同时,一些学生也越来越"不会学"。《学记》曰:"善学者,师逸而功倍,又从而庸之;不善学者,师勤而功半,又从而怨之。"不得不承认,眼下"教者难教,学者难学""教者愁,学者烦""教者倦,学者怠"的氛围,确有蔓延之势。或许,正因为这种遭遇,"师生共同成长"的教学理念才显得极其珍贵。好在,人们越来越清晰地认识到:没有教师的成长,就没有学生的发展;没有教师的快乐,就没有学生的幸福。两者关系的理想形态只能是学习共同体、生命共同体。

就"教学相长"中"长"的内容而言,当前不仅看重教师知识、学问的增长,还看重教师拥有怎样的教育理想、教育激情、教育智慧和教育良知。并不否认,一个真正优秀的教师必须拥有精深的专业知识和较为广博的教育学、心理学等科学文化基础知识,但从其整个职业生命历程和最终发展高度来看,教育理想、教育激情、教育智慧和教育良知才是其专业成长的根本支柱。事实证明,一个没有理想的教师,不可能走得多远;一个处于职业倦怠期的教师,不可能有良好的师生关系;一个有知识而无智慧的教师,不可能教出富有灵性的学生;一个没有教育良知的教师,根本就不配教师这个称呼。

就"教学相长"中"长"的方式而言,当前不仅看重教师的个人进步、自我修炼,更看重团队学习和专业发展共同体。从古至今,真正优秀的教师,都是孜孜不倦、活到老学到老的教师。至于学习方式,既可以是"吾日三省吾身"式的自我反思,也可以是"朝闻道,夕死可矣"式的生命自觉。但是,与古代相比,现代教学的组织形式、教学内容,尤其是教师的职业生活、工作方式等,都发生了巨大变化。在现代知识状况和教育体制下,没有一个教师可以包揽所有的教学科目,而只有与同一学科、同一年级乃至不同学科、不同年级的教师积极合作,与学生合作,与父母合作,互帮互学、相互启发,才可能保证教学任务的有效完成,才可能促进个人专业水平的不断提升。

至此,我们对5种比较理想的教学关系范型逐一进行了比较细致的勾画和阐释,同时,与其相对应的5种问题重重的教学关系范型也隐约地呈现了出来。构建这种比照式认知框架的根本目的在于,从历史和现实、理论和实践等不同维度,揭示"少教多学—先学后教—以学定教—教学合一—教学相长"关系范型对"多教少学—先教后学—以教定学—教学分离—教学互损"关系范型的反叛性和超越性,进而确立对待中国基础教育教学改革的基本立场和基本态度。

当一名好教师的四个要件

百年大计,教育为本。教育大计,教师为本。有了好教师,才能成就好教育,才能培养出好学生。在推动生命教育和各种师资培训的过程中,无法回避这样一个话题:对于教师个人而言,开展生命教育的重要条件是什么?研究发现,已有的讨论大都围绕着教师的知识结构和能力结构而展开,忽视或轻视了教师的精神结构这一论域。① 事实上,相对于知识结构和能力结构而言,教师的精神结构才是更为上位的概念,具有更为强大的统摄力和包容性。而且,如果一个教师的精神结构存在缺陷或出现问题的话,即使知识结构和能力结构相对完整,也很难成为一名真正的好教师,更难以开展真正意义上的生命教育。为此,我们试图从教育理想、教育激情、教育智慧、教育良知四个维度,对教师的精神结构,对当一名好教师的重要条件发表一些看法。

一、教育理想是教师职业的内在动力

在从事教师教育尤其是对在职教师进行培训时,笔者经常将教师、医师、律师、牧师、厨师、工程师、会计师、魔术师、美容师、广告师、入殓师等一系列有"师"字的职业排列在一起,呈现给学习者,用以探讨教育理想和

---

① 教师的知识结构由以学科知识为主的本体性知识、以教育学和心理学为主的条件性知识以及开展教育教学活动所需要的实践性知识三部分组成;教师的能力结构主要包括思维能力、表达能力、组织能力、科研能力、创新能力等不同维度。至于教师的精神结构,目前尚缺乏比较系统、深入的研究,本文认为主要包括教育理想、教育激情、教育智慧和教育良知四个层面,它们深刻地影响着一个教师的职业活力、职业风范和职业境界。有人将知识结构视为教师职业的基础,也有人将能力结构视为教师职业的根本,本文则将精神结构视为教师职业的灵魂,因为它非常深刻地揭示了专业知识和专业能力的统一性、综合性价值。

教师职业特性问题。在具体讨论的过程中,我会要求参与者依次回答这样三个问题:

1. 你最喜欢其中的哪个职业?
2. 教师职业的独特性有哪些?
3. 你的教育(职业)理想是什么?

每次讨论都会出现类似现象:针对问题1,绝大多数参与者会毫不犹豫地选择"教师"这一职业,而针对问题2和问题3,却往往理不清头绪,很难说出个"子丑寅卯"。同时,当问及"你为什么选择教师职业"时,参与者大都会强调教师职业比较稳定、有寒暑假、时间自主、收入还可以等几点。不难发现,很多人之所以愿意当教师,看重的往往是工作环境和物质待遇,而对教师职业本身的独特性,尤其是对个人的教育(职业)理想,却缺乏比较系统、自觉和有深度的思考。

或许,教师职业与其他"师"类职业一样,乃至与其他任何职业一样,都可视为谋生的手段,都可当作"饭碗",而且择业时权衡不同职业的个人收益也没什么不对。但很多人似乎没有意识到,任何职业都有其与众不同的职业内涵和职业特性,而且对于任何职业的从业者而言,都可能受到外在和内在两种驱动力的影响(可分别简称为外驱力和内驱力)。其中,一般的、普通的从业者,往往因外驱力而工作,特别在意的是职业的工资待遇,即工作给个人带来多少实惠;而那些勤恳的、优秀的从业者,往往因内驱力而工作,特别在意的是职业本身的意义和乐趣,特别看重的是职业特性、职业理想以及该职业社会价值的实现程度。

就教师职业而言,其外驱力和内驱力有何根本区别?美国利哈伊大学(Lehigh University)教授贝德乐(Peter G. Beidler)在《我为什么当教师》(Why I Teach)一文中给出了具体而生动的阐释:"很多美国人受的教育是长大成人后应该追求金钱和权力,而我却偏偏不在乎明明是朝着这个'目标'迈进的工作……当教师给予我平静、变化、挑战以及保持学习的机会。不是因为教书容易,也不是因为好为人师,而是喜欢教书的节奏,喜欢思考问题,喜欢做自己的主人的感觉,更喜欢看着学生成长以及体验与学生一起成长的快乐……我教书,是因为教学是建立在'变'这一基础上的职业。教材还是原来的教材,但我自身却变了,更重要的是,我的学生变了……我的学生在我面前成长、发展、变化。有些学生成了成就斐然的博士,找到了好工作;有些对城市贫民发生了兴趣,当了维护公民权利的律师;有些决定读完高中后继续上大学……当教师可以获得金钱和权力以外的东西——爱,不仅是爱学习、爱书本、爱思想,而且还有对出类拔萃的学生的爱。我教书,是因为与正在成长的学生朝夕相处,我常常能感到自己也和他们一起在成长。"①

在我来看,这段话中所提到的作为"目标"的金钱和权力,对教师职业乃至所有职业而言,无疑是最具代表性的外驱力,而所谓的"成长""发展""变化""爱"等,比较全面地揭示了教师职业的本质特征和精神价值,无疑是表征教师职业内驱力的核心词语。在我来看,一个教师对"成长""发展""变化""爱"等概念的理解深度,直接决定其教育理想的高度以及对待本职工作的整体态度。遗憾的是,现实中有不少教师在这方面不尽如人意,常常因为理想模糊、目光短浅甚至自私自利,丧失了教育工作者应有的理想与情怀。

在回答"中国教育缺什么"这个问题时,中国教育学会副会长朱永新教授曾经说:"从整个中国的教育现状来看,我觉得教师们往往缺少了一点诗人的气质,缺少了一点生命的追求,缺少了一点青春的活力,缺少了一点创造的冲动,而这一切都与理想有关。一个没有理想的人,不可能走

---

① 李荫华:《大学英语精读》,上海外语教育出版社1991年版,第39—41页。

得很远。一所没有理想的学校,也不可能走得很远。一种没有理想的教育,更是不可能走得很远。教育在本质上就是一个理想的事业。"[1]我们经常看到,一个没有理想的教师往往把职业当作谋生的手段,而一个有理想的教师则把职业当作事业来做,充满热情、不断创造。我们还看到,一个失去了教育理想的教师往往在思想上偏于保守,在行动上安于现状。更可怕的是,一个失去了理想的教师,同时失去的还有超越自我的发展意识以及教书育人的激情和活力。

  法国作家雨果说过:世上有一种东西比所有的军队都强大,那就是恰逢其时的一种理想。我国"情感教育"的代表人物朱小蔓教授曾经感叹:"人活着太需要支撑我们生活的东西,太需要为我们每一天的生活提供鼓励和依据的东西,所以我们需要寻找自己为人做事的原则、信念乃至方式。"[2]事实上,一个教师具有怎样的教育理想,便具有怎样的为人做事的原则、信念和方式。回望中华几千年教育史,真正有影响的教育家,无不具有明确的教育理想和人生追求:孔子践行"有教无类",最早唱响了教育公平的华美乐章;朱熹力推"涵养、致知、力行",确立了治学修身的优良传统;蔡元培倡导"思想自由,兼容并包",塑造了至今广为推崇的北大精神;陶行知"捧着一颗心来,不带半根草走",用实际行动演绎了一代师魂……高山仰止,景行行止。虽不能至,然心向往之。要成为一个好教师,不能没有教育理想的支撑。我们深信,一个教师只有深刻理解了自身职业的独特性和独特价值,才可能拥有远大的教育理想和深厚的教育情怀,才可能获得专业发展的持久动力,才可能成为一个真正的好教师,或成为一个即使平凡但绝不平庸的教师。

---

[1] 朱永新:《新教育讲演录》,中国人民大学出版社2012年版,第258页。
[2] 朱小蔓:《让读书支撑我们的生命》,《中国教育报》2003年8月7日。

二、教育激情是教师职业的精神风貌

人是一种有意识、有目的的存在。一个人为了理想去奋斗、去奉献，是一件快乐、幸福的事情。对于一个教师而言，理想一旦上升为坚定的教育信念，一旦热爱上本职工作，自然会焕发出澎湃的教育激情。

激情总是表现为一种热爱、专注、投入、执着。所谓教育激情，即对于教育的一种热爱、专注、投入、执着。它是一种活力、一种朝气，也是一种敢于挑战、自强不息的敬业精神。激情是一种由内而外的强烈心境。一个富有激情的教师是一个充满自信，一谈起教育就如数家珍、眉飞色舞的人；是一个一走上讲台就神采飞扬、妙语连珠的人；是一个学而不厌、诲人不倦、爱生如子、爱校如家的人。教育激情是一种事业心，也是一种生活追求，在本质上则是个体生命的自觉和自省。可以想象，一个教师如果发自内心地喜欢自己职业，上班、下班就不会是机械、烦琐的负担；相反，会成为个人生活不可分割的重要组成部分。一个热爱教育富有激情的教师，对即将到来的新学期会有一种欣喜和期盼，而在学期结束或学生毕业之际，又会恋恋不舍、迟迟不行。

教育是一项心灵感召心灵、精神召唤精神的事业。教育激情既出于对知识、真理的热爱，也出于对晚学后辈的关心呵护。教育激情是一种责任感和使命感，更是一种"朝夕虑其事，日夜经其务"的工作状态。教育激情是教育理想的行动化、立体化，它最直观的表现就是勤勤恳恳地履行各项职责。众所周知，创造性是教师职业的内在要求。但是，创造需要激情，没有激情飞扬，创造很难有实质性内容。常言道：老医生，少先生。这句话所揭示的正是岁月（实为经验）之于医生的意义和青春（实为激情）之于教师的重要性。不难发现，有不少教师的专业知识、专业技能都不差，课堂设计也有板有眼、像模像样，但上起课来却索然无味，教学效果欠佳。为什么？

往往就是因为缺少了激情和互动,学生的主体性和参与意识没有被唤醒。

"知之者不如好之者,好之者不如乐之者。"如同学生的"学"有知学、会学、乐学一样,教师的"教"亦有知教、会教、乐教等不同层次。只有教师乐教、学生乐学,师生才可能声情并茂,教学才可能交相辉映。"感人心者,莫先乎情。"只有激情才能点燃激情,才能打动学生、吸引学生,引发兴趣。一个有激情的教师和一个倦怠的教师,对学生的影响截然不同。一个有激情的教师会潜移默化地感染学生,使学生欢快愉悦、阳光自信,形成积极乐观的人生态度,而一个没有激情的教师很难营造轻松活泼的学习氛围,也很难激发想象力和创造力,更难以培育人格和开启心智。

正如《"诗人"教育家李吉林》一文所言:"做教育的人,他本身就应该是诗人。做教育如果没有诗人的气质,诗人的理想,诗人的激情,是很难真正把教育做好的。一个没有激情的教师,绝不可能成为优秀教师。"李吉林老师本人也说:"正是为了儿童使我成为一个执着的探索者,一个不倦的学习者,一个多情的诗人。""诗人是令人羡慕的,其实教师也是用心血在写诗,那是写的人们最关注的明天的诗,不过那不是写在稿纸上,是写在学生的心田里。"[1]在本质上,教育是一项富有诗性而需要激情投入的事业。一分耕耘,一分收获。在一个追求规模和速度的工业化时代,教师非常需要向诗人学习,学习诗人的倾情、浪漫、专一、执着。相信种子,相信岁月,相信激情。当大家一窝蜂探讨"研究型教师""专家型教师"的时候,我们更应该呼唤"诗人型教师"和"激情型教师"!

这里之所以特别强调激情,是因为现实中越来越多的教师丧失了激情,陷入了倦怠。而且,正是由于厌教、厌学情绪有愈演愈烈之势,教育激情才上升为判定一个好教师的重要标准。并不否认,大多数教师都能够遵守职业规范而踏实工作,但必须承认,由于市场经济、社会转型和价值

---

[1] 朱永新:《写在新教育边上》,中国人民大学出版社2012年版,第291—292页。

多元大环境影响,由于繁重的工作压力和各种物质诱惑,也有不少人开始斤斤计较,特别在意工作量和薪水之间的比例关系,滋生了"做一天和尚撞一天钟"的消极心理。在这种情况下,教育活动的审美价值大打折扣,教师职业的精神内涵和生命意义被严重忽视和遮蔽。

并不否认,一旦长期从事同一个职业,每个人都可能遇到麻烦、挫折,出现倦怠,就如同人生不可能一帆风顺、一马平川一样。我们也承认,不少"老教师"也曾经意气风发、豪情满怀。但遗憾的是,不少人随着年龄的增长和工龄的延长,往往不知不觉地安于现状、不思进取,工作成了例行公事,淡忘甚至放弃了曾经的理想,步入一种"不求有功但求无过"的懒散、平庸状态。更糟糕的是,有些人长期陷于倦怠、焦虑状态而不能自拔,甚至思想麻木、随波逐流,有意无意地成了"应试教育"的推手或帮凶。

事实上,没有对个体生命意义的不懈追求,就没有教师职业观念的不断更新。长期以来,"春蚕到死丝方尽,蜡炬成灰泪始干"是赞美教师职业的经典词句,也是业内外对于教师职业的"刻板印象",认为教师是"蜡烛",是"燃烧自己照亮别人"的人。但细致分析会发现,"蜡烛"和"燃烧"的丰富内涵并没有得到全面的理解和阐释,被过度渲染的往往是所谓的"牺牲"和"奉献"。而且,"假如把牺牲的行为看成是只对别人有意义而对自己毫无意义的行为,这恰恰意味着自己只不过是一件工具而不是一个显示着人的价值的人。如果一个人自身是无价值的,那么他所作的牺牲也就成为无道德价值的贡献"[①]。孔子曾经说过:"己欲立而立人,己欲达而达人。"其实,教师职业并没有想象的那么悲壮,就其本质而言,它应是一个在平凡中实现社会价值,同时实现个人价值,在成全他人的同时成全自我的职业。或者说,"燃烧"是一种付出、牺牲、奉献,也是一种价值、意义和幸福的实现方式,内含着教师职业特有的浪漫和魅力。

---

① 赵汀阳:《论可能生活》,生活·读书·新知三联书店1994年版,第76页。

人生在世，难免有困惑、压力和挫折，而我们只有两种选择：改变现实，或者被现实所改变。李嘉诚的"蛋喻"发人深省："鸡蛋，从外打破是食物，从内打破是生命。人生亦是，从外打破是压力，从内打破是成长。如果你等待别人从外打破你，那么你注定成为别人的食物；如果能自己从内打破，那么你会发现自己的成长相当于一种重生。"[1]对于深陷倦怠的教师而言，出路只有两条：要么改变职业、改变环境，要么改变自我、改变态度。一味地批评、抱怨，自甘平庸或沉沦，无益于己，无济于事，而有愧于学生。

三、教育智慧是教师职业的创新资本

教育是一项诗性的事业，也是一项理性的事业。要将教育理想转化为现实，不仅需要激情，还需要智慧。教育是人类智慧的产物，人类又通过教育追求智慧。智慧是教育的内容，也是教育的手段和目的，教育对智慧具有内在性和必然性要求。作为传道、授业、解惑者的教师，不能没有智慧，智慧是教师职业的灵魂和魅力。

通览教育史，每个生生不息的民族都有自己独特的教育智慧，都有许多关于教育智慧和智慧教育的故事代代传承。具有5000年文明的中华民族，同样积累了丰富璀璨的教育智慧。这些以故事、对话、格言、语录、史料等形式存在的教育智慧，对于今天的教师而言，显然是无价之宝，理当充分被开发和利用。然而，教育智慧是内生的而非外加的，而且非常麻烦的是，这些主要以书籍和文字符号为载体的教育智慧，必须经过阅读、体验、感悟等极其复杂的环节，才可能被消化和吸收，真正内化到教师的个人智慧中去。反观当下的学校课程和日常教学会发现，偏重知识授受

---

[1] 引自《读者》2012年第16期。

而忽视智慧启迪的现象非常普遍,教育智慧匮乏已成不争的事实。

以现有的教学方式,我们究竟是把学生越教越聪明了,还是越教越愚蠢了? 笔者思考更多的是:为什么有些孩子不知道什么叫"自己的看法",而有些孩子又总能找到"结果"或所谓的"答案"? 诸如此类的教育后果与教师的专业素养具有怎样的关联? 当一个教师直接告诉学生"标准答案"的时候,或者要求学生"不知道就不要乱说"的时候,是基于怎样的知识观和学习观? 有没有考虑到学生的内心感受和个体经验? 作为这种教育当事人的教师,是主动的还是被迫的? 是清醒的还是盲目的? 在应试教育大环境下,一个教师如果没有专业发展意识,没有对教育智慧的自觉追求,何以走出各种假冒伪劣教育的怪圈? 何以促进学生的全面发展?

卢红、刘庆昌两位学者曾强调:"做一个有智慧的教育者,应该是每一个教育者的愿望。但是,能做一个有智慧的教育者却只是少数教育者的幸运。普天下教育者的数量太大了,教育家却出奇的少,这充分说明了拥有教育智慧是需要知识、品行和努力的。"[①]尽管我们不能由此推论只有教育家才有教育智慧,但说教育家和教书匠的根本区别在于教育智慧,应该没有什么争议。我们没有理由要求每一个教师都成为教育家,那是行不通的、不现实的,但要求每一个教师追求教育智慧不做教书匠,却是有理由的、可行的,而且很现实。教育的真谛在于启迪智慧。一个拥有教育智慧的教师是幸运的,一个学生遇到有教育智慧的教师则更幸运。正如朱小蔓教授所言:"教育智慧是优秀教师内在的秉性、学识、情感、精神等个人独具性格化的东西在特定的情境下向外的喷涌和投射。""智慧型教师那临场的天赋、即兴的创作、完美的应答以及润物细无声的绝妙,是孩子们成长的福音,是人们对教育、对好教师永远的景仰。"[②]

---

① 卢红、刘庆昌:《论教育智慧》,《山东教育科研》2001 年第 4 期。
② 田慧生:《智慧型教师素质探析》,教育科学出版社 2005 年版,第 3 页。

只有智慧的教育才能培养出智慧的人,只有智慧的教师才能培养出智慧的学生。而且,只有智慧的教师才能创造精彩的教育故事,才能获得教师职业的尊严与幸福。经师易求,人师难得。一个拥有智慧的教师会成为学生生命中的重要他人或所谓的贵人,而不是一般的教书匠或所谓的匠人。匠人只知传授不知启迪,贵人不但传授知识而且启迪智慧、教导人生。做贵人而非匠人,应成为教师个人职业生命的本体价值和目标追求。

四、教育良知是教师职业的道德底线

所谓良知,即一般人所应具备的对于真、善、美的正确判断能力。所谓教育良知,即一般教师所应具备的对于教育之真、教育之善、教育之美的正确判断能力。教育良知是教育理想、教育激情、教育智慧的源生之本和可靠保证。或者说,教育理想、教育激情和教育智慧的表现形式千差万别,但它们的共同基础在于教育良知,在于教育者对于教育事业的忠诚和对于受教育者发展潜力的无限信任。

良知是人之为人的基本原则和道德底线,教育良知是教书育人、为人师表的内在要求和前提条件。教育是一项实践性、价值性、反思性特别强的事业。一个真正具有良知的教师,为了维护教师职业的价值和尊严,为了捍卫教育的科学性和人文性,会自觉接受各种形式的质疑和批评,会随时随地站出来与各种各样的"反教育行为"作斗争。良知所呵护的是人的价值和人的尊严,教育良知所呵护的是教育者的价值和尊严,它具体而鲜活的表现形式就是教育批评和教育改革,其中,教育批评指向过去和现在,教育改革指向当下和未来。

求真、向善、审美是人之本性,也是教师职业活动之本性。如果否定这一本性,关于教育理想、教育激情、教育智慧和教育良知的所有话题,都

将失去基本的价值尺度和可靠的思想基础。"千教万教教人求真,千学万学做真人。"这是陶行知对于教师职业"求真"品性的高度概括。"恻隐之心,仁之端也;羞恶之心,义之端也;辞让之心,礼之端也;是非之心,智之端也。"(《孟子·公孙丑上》)这是孟子教育思想的人性论基础,也是其对教育活动"向善"品性的严密推导。"学校无小事,事事育人;教师无小节,节节示范。"这句不知语出何人但几乎每个教师都耳熟能详的格言,则具体而深刻地道出了教师职业"求真、向善、审美"的价值追求。

首先,一个具有教育良知的教师应该是一个具有"求真"精神的教师。具有"求真"精神的教师追求教育之真,培养的是具有科学、务实精神的人。追求教育之真,就是要做真教育,而非假教育。真教育是依靠真心做教育,是教育家管理教育。假教育往往是被官僚、商人掌控的教育,这些人不懂教育,只想金钱和权力,只会谎报成果、编撰新闻,制造所谓的政绩、商机。

其次,一个具有教育良知的教师应该是一个具有"向善"品质的教师。具有"向善"品质的教师追求教育之善,培养的是具有善良品质和高尚情怀的人。追求教育之善,就是要做善的教育,而非恶的教育。善的教育是依靠善心做教育,不抛弃、不放弃,尊重、宽容、同情、关爱每一个学生,而恶的教育有意无意地使用冷漠、讥讽、体罚、暴力等方式摧残身心、奴化心灵。

再次,一个具有教育良知的教师应该是一个具有"审美"意识的教师。具有"审美"意识的教师追求教育之美,培养的是具有审美情趣和爱美之心的人。追求教育之美,就是要做美的教育,而非丑的教育。教育之美,美在它的真和善。教育之丑,丑在它的假和恶。美的教育是依靠童心来做教育,因为童心最美。美的教育朴实自然,顺应学生的身心发展规律。丑的教育矫揉造作,满足的是成人世界的偏好和虚荣心。

最后,一个具有教育良知的教师应该是一个具有"仁爱"之心和社会责任感的教师。"仁爱"是中华传统美德的核心理念,是以人为本教育思想的基点,也是教育之真、善、美的集中体现。俗话说:教育是一种良心活。一个教师具有怎样的教育良知和职业道德,取决于对教育之真、善、美的认知程度,取决于能否体悟到教师职业的责任感、崇高感和荣誉感。需要警惕的是,因为受"分数第一、升学至上"思想的影响,因为市场经济原则和功利性评价标准的广泛推行,在当前的教育领域中,各种失真、伪善、腐败现象时有发生,人们开始对教育品质和教师职业道德颇有微词,乃至强烈谴责和愤怒。而这正是我们呼唤教育良知的根本原因所在。

　　总之,相对于教育理想、教育激情和教育智慧而言,教育良知具有先在性、基础性和决定性地位。"教育良知在引导生命追求价值与意义的教育实践中显得更具有优先性。它以命令的形式要求教育者、教育管理者和教育学者本着对生命的理解、尊重与信任,在各自的教育实践中各司其职,各尽其分。"①或许,我们可以将教育理想视为一粒粒饱满的种子,将教育激情视为一轮普照万物的太阳,将教育智慧视为广袤肥沃的土地,将教育良知视为无处不在、无时不有的水和大气。当越来越多的教师拥有了这些基本条件,我们便可期待生命教育的春天!

---

① 胡少明:《教育良知先于教育理论》,《扬州大学学报》2009年第8期。

重申"教师是人类灵魂的工程师"

在价值多元、道德多元、文化多元的全球化时代,因为受到"分数至上""应试为王"等急功近利教育思想的影响,"教师是人类灵魂的工程师"这一广为人知的观点,遭到了不同形式的质疑、否定和批评,而特别需要关注的是,有些质疑、否定和批评的声音,竟然来自一线教师甚至一些教师教育者。为此,有必要从"何谓灵魂""何谓人类灵魂""何谓人类灵魂的工程师""为何重申教师是人类灵魂的工程师""教师何以成为人类灵魂的工程师"这五个维度,再次申述、申明,并再次强调、倡导"教师是人类灵魂的工程师"这一经典命题。这里所谓"重申",兼有"再次申述、申明"和"再次强调、倡导"双重含义。重申"教师是人类灵魂的工程师",就其总体思想的阐释逻辑而言,需要逐一回答五个方面的问题。首先要回答"何谓灵魂",其次要回答"何谓人类灵魂",再次要回答"何谓人类灵魂的工程师",最后要回答"为何重申教师是人类灵魂的工程师"以及"教师何以成为人类灵魂的工程师"。

一、何谓灵魂

在当前的教育学话语中,灵魂对于很多人而言,依然是一个熟知未必真知、耳熟未必能详的概念。就"教师是人类灵魂的工程师"这一经典命题而言,其中的"灵魂"是指独立存在的人的精神实体。或者说,灵魂是对个体生命永恒性的一种抽象和概括,由其出发,人才有可能找到自己的精神家园,进而反思和追问有限生命的终极意义。

就个体生命存在的基本形式而言,人既是一种物质性存在,也是一种精神性存在,是物质性存在与精神性存在的统一体。人的物质性存在的一般形式可以概括为吃、喝、拉、撒、睡,人的精神性存在的一般形式可以概括为听、说、读、写、思。人的物质性存在构成人的物质生命，人的精神性存在构成人的精神生命，人是物质生命与精神生命的统一体。众所周知，人的物质生命或长或短，或强或弱，生、老、病、死是无法逾越的必然逻辑。正如《菜根谭》所言："天地有万古，此身不再得；人生只百年，此日最易过。"在现实社会中，作为人格气象的精神生命，可能崇高、伟大，也可能卑劣、卑微。回望人类发展的历史长河，有人遗臭万年，有人流芳千古。臧克家曾在《有的人——纪念鲁迅逝世十三周年有感》中慨叹："有的人活着，/他已经死了；/有的人死了，/他还活着。"《左传·襄公二十四年》有曰："太上有立德，其次有立功，其次有立言，虽久不废，此之谓不朽。"这里所谓"死了，还活着"，乃至"三不朽"之说，所指涉的都是人的灵魂，或者说是人的精神实体。

进一步来说，作为人的精神实体的灵魂，并不会随人的身体死亡而消亡，因为它是"人的心灵的延续，是人的道德和爱心的延续，是人的贡献和影响的延续，是人的思想或创造的延续，是人的形象与神态的延续"[①]。在日常生活中，只有真正领悟并信奉这种"在世"或"不离世"的精神实体，而不再囿于宗教、神学视域中关于"上帝"或"天堂"的种种"离世"之说，才能够比较通透地理解中国传统文化和生命哲学中的"灵魂"意象，才有可能确立"自然—人类—大爱"三位一体的世界观、人生观和价值观。其中，从儒家教育思想的审美结构和文化精神来看，以"灵魂"形式存在的生命逻辑和人生追求，就是从"小我"走向"大我"，就是从格物、致知、诚意、正心，走向修身、齐家、治国、平天下。

[①] 高亮之：《人有灵魂吗？灵魂哲学与科学的理性信仰》，浙江大学出版社2015年版，第247页。

二、何谓人类灵魂

所谓人类灵魂,即人类的灵魂或人类的精神实体。如果说,作为个人精神实体的灵魂,主要表现为个人的世界观、人生观和价值观,也即所谓的"三观",那么,作为人类精神实体的灵魂,主要表征为人类的信仰系统、价值系统和意义系统,即所谓的"三统"。就"三统"的核心内容而言,其实就是人类社会广泛认同、普遍遵循的共同原则,它们包括民主、平等、自由、仁爱、理性、法治、正义、和谐、富裕、文明,等等。

如果说"三观"是个人精神世界的样貌和基石,"三统"就是人类精神世界的基本结构和根本支柱。其中,信仰系统位于最深层、最基础、最核心部分,依此外延和外显的是人类的价值系统和意义系统。为了直观起见,我们可以用三个大小不同的圆来对"三统"之间的逻辑关系加以图示和说明。首先,就信仰系统而言,它是人类精神体系的核心所在,不仅具有神圣性、神秘性和神奇性,还具有终极性、绝对性和稳固性,因而可以将其视为最小的一个圆,以示其主导性、统摄性、引领性。其次,就价值系统而言,它处于信仰系统和意义系统的中间地带,或者说,它包含信仰系统,同时被意义系统所包含,因而是较大的一个圆,以示其兼容性、跨界性、制约性。最后,就意义系统而言,它自然是最大的一个圆,内含价值系统和信仰系统两个大小不同的圆,以示其开放性、广延性、超越性。由此可见,人类的意义系统受制于或取决于价值系统,而价值系统又受制于或取决于信仰系统。

基于以上阐释,以"三统"为视角,人是一种追求意义的生命存在,更是一种追求价值的生命存在,而在根本上是一种守护特定信仰的生命存在。以此观照现实社会,那些长期处于空虚、无聊、焦虑、迷惘状态,而执着于外在物质追求的所谓"空心人",可能是因为缺乏明确的意义系统,也可能是因为价值系统不稳定，而在根本上是因为他们的信仰系统出了问题，或者说，根本就没能建立起个人的信仰系统。对此，当代哲学家周国平曾经一针见血地指出："其实，空虚是灵魂的感觉，而灵魂的空虚是再多的物质也填补不了的。人人都有一个灵魂，但并非人人都意识到灵魂的存在，而感到空虚恰恰是发现灵魂的一个契机。因此，我的劝告是，你不要逃避空虚，而要直面空虚，从而改变用力的方向，开启精神层面上的追求。"①当然，这里并不否认，个人精神层面的追求，必然会受到时代精神状况的影响，而且，只有认同"个人精神实体"与"人类精神实体"之间的辩证关系，肯定"三观"与"三统"之间的内在关联，关于"人类灵魂工程师"的教育学话语才能够得以建构和拓展，与人类崇高精神对话的"人文教育""古典教育""博雅教育"等，才有可能找到相应的理论支点和实践路径。

三、何谓人类灵魂的工程师

据考证，"人类灵魂的工程师"这一说法，始于20世纪30年代斯大林与高尔基的一次谈话。在斯大林来看，像高尔基这样伟大的文学家，堪称人类灵魂的工程师。受此影响，1939年7月，苏联教育家加里宁在欢迎获得荣誉勋章的乡村学校教师大会上说："教员们往往不大注意教育工作，其实教育工作在培养学生们的性格和道德方面极有重要意义。很多教师常常忘记他们应当是教育家，而教育家也就是人类灵魂的工程师。"②自此，"人类灵魂的工程师"作为对教师职业的一种隐喻，开始在各种教育和教育学语境下得以探讨和使用。

---

① 周国平：《醒客的世界》，北京十月文艺出版社2019年版，第62页。
② 〔苏联〕加里宁：《论共产主义教育》，陈昌浩译，中国青年出版社1979年版，第63页。

在我国，关于教师的"灵魂工程师"之说，始于1951年《人民日报》刊发的一篇社论，其中的表述是："教师是人类灵魂的工程师，必须严格要求自己，认真改造思想，使自己逐步地真正够得上'人民教师'的光荣称号。"同年11月，《人民教育》也发表社论，强调人民教师和一切人民教育工作者是"新中国儿童、青年的灵魂工程师"。1957年6月，在第一届全国人民代表大会第四次会议的《国务院政府工作报告》中，周恩来总理明确指出："学校教师是培养下一代的灵魂工程师，他们应该在过去思想改造的基础上，根据自愿的原则，继续进行自我教育和自我改造。"1983年10月，邓小平在题为《党在组织战线和思想战线上的迫切任务》的讲话中指出："思想战线上的战士，都应当是人类灵魂工程师。"当时所谓的"思想战线"，不但包括理论界、文艺界，还包括教育界、出版界、新闻界等不同事业部门。由此来看，自20世纪50年代开始，"教师是人类灵魂的工程师"这一观点，既已得到广泛传播，且已成为探讨教师职业内涵或赞美教师职业特点的一种大众诗性话语。

进入新世纪后，2000年2月，江泽民在《关于教育问题的谈话》中指出："老师作为'人类灵魂的工程师'，不仅要教好书，还要育好人，各方面都要为人师表。"2007年8月，胡锦涛在会见全国优秀教师代表时说："全社会尊重教师，广大教师更应该自尊自励，努力成为无愧于党和人民的人类灵魂工程师，以人民教师特有的人格魅力、学识魅力和卓有成效的工作赢得全社会的尊重。"2018年9月，习近平在全国教育大会上再次强调："教师是人类灵魂的工程师，是人类文明的传承者，承载着传播知识、传播思想、传播真理、塑造灵魂、塑造生命、塑造新人的时代重任。"由此可见，我们党和国家领导人一直高度重视教师之于教育事业发展的独特作用，都一致强调"教师是人类灵魂的工程师"。以上这一系列表述，不仅是对教师职业内涵的进一步阐释，还表达了对于广大教师的殷切期望和对教育之于社会发展功能的高度认同。

教育，就其本质而言，教育是一项通过"德育""智育""体育"促进个体生命发展的事业，更是一项通过"美育""劳育""魂育"推动和引领社会进步的事业。如果说教育能够影响和改变一个人、一代人，也就必然能够影响和改变一个社会、一个民族，进而影响和改变国家与人类命运。而这一切影响和改变的前提、根本和依据在于教师个体和群体的教育理想和职业信念，在于每个教师在"三观"塑造和"三统"建设方面积极自觉的使命担当与理想追求。在新时代语境下，"三观"塑造可以聚焦在社会主义核心价值观的弘扬与培育，"三统"建设可以借由"课程思政""三全育人""跨学科主题学习"，将中华优秀传统文化、世界文明成果以及"人类命运共同体"理念融入整个国民教育体系中。

四、为何重申教师是人类灵魂的工程师

相对照来看，个人的根本问题是"三观"问题，人类的根本问题是"三统"问题。而教育的根本问题，可能是"三观"问题，也可能是"三统"问题。当今时代，之所以重申"教师是人类灵魂的工程师"这一观点，是因为它所表达的教育理想和职业信念遭到了不同形式的质疑、否定和批评，而特别需要关注的是，有些质疑、否定和批评的声音，竟然来自一线教师甚至一些教师教育者。其中有在职教师，也有尚未入职的师范生；有中小学、幼儿园教师，也有大学教师乃至一些教师教育者。经过较为细致的考察发现，相关声音可能出于教师对个人职业境遇的一时感慨，也可能来自一些正式或非正式的教育教学会议，而特别需要警惕和深思的是，有些声音已经转化为书面文字，堂而皇之地出现在一些教育笔谈、教育期刊甚至教育论著之中。

例如，在质疑、批评"教师是人类灵魂的工程师"时，有人说："它把学生的灵魂看作是可以被塑造的，认为教师的灵魂比学生高尚，因而可以对

其灵魂进行塑造。"①也有人说:"我绝对不愿自命为'人类灵魂工程师',不想加工任何人的思想,因为在我看来,那是违背现代人的道德观念的。"②除了以上这类由于误解"灵魂"和"灵魂塑造"而发表的观点,还有人直接否定"教师是人类灵魂的工程师",认为"这种教育观念的实质是以思想、政治、道德为中心的教育价值观,它把师范院校的教育目标、教育内容、教育手段等,最终都归结于学生的灵魂即心灵、品德和世界观的塑造上,严重阻碍了教育事业和社会的发展"③。更有甚者,嘲讽说:"'做人类灵魂工程师'的说法在中国流传了半个世纪。可是,我总觉得很奇怪,谁能讲出这么大的话来?谁能做人类的灵魂工程师?好像只有上天,只有天子,只有天王……才敢说,也只有天做得到。而天是否做到了,又只有天知道……不要说做人类灵魂工程师,就是做一个人、几个人的灵魂工程师,这可能吗?"④由此来看,如果"教师是人类灵魂的工程师"得不到恰当的解读和阐释,诸如此类的质疑、否定和批评,肯定依然会大行其道、层出不穷。

当前,我们不得不面对的社会问题和"教育危机"是:在价值多元、道德多元、文化多元的全球化时代,"怀疑一切""否定一切""怎么都行"的后现代思潮确有愈演愈烈之势,而在"分数至上""应试为王"等急功近利教育思想的影响下,确有一些教师陷入了以职业倦怠为表征的迷茫、困顿之中。而且从整个教育系统来看,不仅基础教育在"三观""三统"塑造方面遭遇了不少难题,高等教育在这方面也陷入了极其艰难的困境。也正是基于这种现状,钱理群教授 2012 年在"《理想大学》专题研讨会"上发表

---

① 贾洋洋:《"教师是人类灵魂的工程师"吗》,《现代妇女(下旬)》2013 年第 11 期。
② 王晓春:《人类灵魂需要"工程师"吗?》,《教师之友》2003 年第 3 期。
③ 卢曲元、李屏南:《评"教师是人类灵魂的工程师"》,《湖南师范大学社会科学学报》1988 年第 6 期。
④ 张家:《再析"人类灵魂工程师"》,《当代教育论坛(校长教育研究)》2008 年第 7 期。

了言辞激烈的批评:"我们的大学,包括北京大学,正在培养一大批'精致的利己主义者',他们高智商,世俗,老到,善于表演,懂得配合,更善于利用体制达到自己的目的。这种人一旦掌握权力,比一般的贪官污吏危害更大。我们的教育体制,正在培养大批这样的'有毒的罂粟花'。"①教育究竟为何会陷入如此境地?对此,教师本身有没有什么责任?长篇报告文学《谁输在起跑线上》中的一段文字发人深省:"教书育人本是一项塑造灵魂的高尚行为,需要良好的修养与匠心方能完成,而现实却为我们展示出完全相反的另一番景象——多数教师带着程度不同的心理疾病坚持在工作岗位上,他们能胜任社会赋予的神圣使命吗?"②

并不否认,许许多多学生身上出现的问题,并不一定就是教育体制或学校自身的问题,不能让教师"背黑锅"或成为"替罪羊",也没有理由用"灵魂工程师"作为标杆来"拷问"或"鞭策"整个教师群体。但不管怎么讲,如果一批又一批学生在"三观""三统"方面严重滑坡,成为"精致的利己主义者"或"有毒的罂粟花",作为学生引路人的教师群体肯定有不可推卸的责任。诚如北京四中校长刘长铭所言:"面对今天社会上出现的诸多问题,如商品质量问题、食品安全问题、行为突破道德底线甚至人性底线的问题,等等,我们是不是应当反思一下教育,反思一下自身呢?不幸的是,当今的社会文化有明显的低俗化发展趋势,这将给学校教育带来更大的困难,我们必须对此有所认识。"③也正是在这种社会舆论下,"新教育实验"发起人朱永新在《书写教师的生命传奇》一文中疾呼:"人们对教师职业有一些特别的期待,希望它成为太阳底下最光辉的职业,成为最令人羡慕的职业。但是,现实中的教师却存在着职业倦怠等生存发展问题,这严重影响了教师职业的尊严与价值。我们需要重申教师职业之天命,重

---

① 魏干:《谁造就了"精致的利己主义者"》,《民主与科学》2012年第2期。
② 吴树、蒋铮:《谁输在起跑线上》,东方出版社2016年版,第74页。
③ 刘长铭:《教育价值观是学校的生命与灵魂》,《群言》2011年11月18日。

建信念和对意义感的寻求,勇敢地担当起此一职业所赋予的责任。"①

五、教师何以成为人类灵魂的工程师

任何一个教师,就其职业理想和职业行为而言,只有通晓"何谓灵魂""何谓人类灵魂""何谓人类灵魂的工程师"这三个问题的正确答案,同时深刻理解"教师是人类灵魂的工程师"这一观点的基本内涵,才有可能自勉自励、自强不息,主动担负起"人类灵魂的工程师"这一社会重任。

但是,目前有待深刻反思的一个具体问题是,无论是教育管理部门还是社会各界,能否将"人类灵魂的工程师"作为教师职业的基本规范而确立,能否要求每个教师都成为"人类灵魂的工程师"?对此,华东师范大学陈桂生教授曾经提出一种评价思路:"如果教育行政当局及社会事实上把教师当作人类灵魂工程师对待,而某些教师有愧于这个称号,那么,这些教师愧对社会;或者教育行政当局及社会事实上并未把教师当作人类灵魂工程师对待,而要求教师成为人类灵魂工程师。这种要求虽然合理,但并不合乎人情。"②以此为参照,在现实社会中,不管是"经师"还是"人师",不管是"教书匠"还是"人类灵魂的工程师",都有可能找到各自"合情"或"合理"的依据,也都能够基于特定的时代背景和职业境遇,对"教师是人类灵魂的工程师"发表一番感想或议论,并基于个人理解将相关思想付诸个人的教育教学活动。

同时,有待反思并亟待解决的另一个具体问题是,以往的教师教育课程一直不太重视灵魂哲学、精神哲学、心智哲学等方面的内容设计,可以说,存在比较明显的理论不足和实践短板。其结果是,许多师范生、在职

---

① 朱永新:《书写教师的生命传奇》,《教育研究》2010年第4期。
② 陈桂生:《"教育学视界"辨析》,华东师范大学出版社1997年版,第411—412页。

教师，包括不少教师教育者，对"灵魂""精神""心智"等富有哲学意涵的教育学概念，往往只能在比较宽泛的意义上解读和使用。以至于长期以来，关于"好教师""优秀教师""卓越教师"的诸多讨论和评定，大都围绕着教师的知识结构和能力结构展开，有意无意地将教师的精神结构放在了"不太重要"的位置。但大量研究发现，相较于知识结构和能力结构而言，教师的精神结构才是更为重要的条件，具有更为强大的兼容性和统摄力。反观现实，如果一个教师的精神结构存在缺陷或出现问题，即使知识结构和能力结构相对完整，也不可能成为真正的"好教师"或"优秀教师"，更不可能成为"卓越教师"。①

基于以上分析，教育和教育学的当务之急，是回归到"三观"塑造和"三统"建构上来。其中，第一要务是加强教师教育课程改革，特别关注教育者尤其是教师教育者的"三观"塑造问题，在加强各级各类教师职业道德建设的同时，引导师范生和一线教师全面把握教师职业的本质内涵，进而在"学校与公民培养"和"教育与社会发展"方面确立远大理想和坚定信念。其次，在教育管理和教育评价过程中，应特别鼓励教师开展形式多样的"三观教育""信仰教育"，自觉地将"立德树人"与"三统建构"有机地统一起来。最后，应加大舆论宣传，在严厉批判各种"教育异化"现象的同时，大力报道"四有"好教师、"杰出人民教师"在教书育人、服务社会方面的生动事迹，利用"榜样教师"弘扬正能量，形成全社会尊师重教、积极维护教师权威和教师职业尊严的良好局面。如此，我们方能有效应对由信仰危机、价值危机、意义危机而引发的诸多教育难题，进而证实：教育本是一项求真、向善、审美，促进个体生命发展和引领社会进步的伟大事业，而教师作为人类文明的传承者，本该成为人类精神系统的建设者、人类灵魂的工程师！

---

① 张荣伟：《当一名好教师的四个要件》，《新教师》2014年第1期。

卑微的生存境遇与崇高的精神追求[①]

在无数关于教师职业生命意义的言论和出版物中,流行的总是千篇一律的宏大叙事。其实,任何人都不可能脱离自己的生存境遇来看问题和做事情。探讨"教师职业生命意义"这样一个话题,就个人生活史做一个简单的交代,对于读者和听众来讲是很有必要的,因为,言说者的立场、观点向来都是与其身份、地位、经历及现实生活状态密切相关的。从个人的日常生活事件入手,或许可以更好地观照教师职业生活的精神实质。

我一直在写一本职业生活备忘录,并且将其命名为《卑微的生存境遇与崇高的精神追求》。这本备忘录的写作是从对自己教师生涯的回溯开始的。其实,我是在把自己作为研究对象,试图从亲身经验和阅历入手去探寻教育的本质以及教师职业生活的真实意义。之所以选择这样一个切入点,是因为我相信:任何真正的教育思想必然源于思想者自身的教育生命运动,必然是思想者自身教育生活史的产物与延续,必然是思想者自身生活世界的真实写照。

从1988年师专毕业登上一所农村中学的讲台教授英语课开始,到2000年走进福建师范大学校园攻读教育学原理专业硕士学位,我有过12年乡镇中学的工作经历。在记忆中,或者说"镜像自我"中,时而还会闪现一位普通、平凡且略显困顿的中学教师形象。几经挫折磨砺,几许丧气灰心,几多幻想幻灭,几番奋进挣扎。可以说,其间的酸甜苦辣和喜怒哀乐,包括课内课外、校内校外一个个真真切切的生活场景,是塑造我教师职业生命意义观的原始文本,这些经历是我"为自己说话"这一愿望挥之不去的根本原因。

[①] 该文初稿发表于《福建教育(中学版)》2005年第8期,为了便于阅读,本书选编时内容有所删减。

记得,在我曾经工作的那所中学,校长不止一次地在教职工大会上说:在这个小镇上,我们是精神上最富有的人。不可否认,对于绝大多数社会成员而言,教师或许是一个令人尊敬乃至羡慕的称谓,因为这个职业是与学识和修养紧密联系在一起的。但是,大众似乎忘记了这样的事实,那就是,对于教师自身而言,他们同样是一个个有血有肉,有家庭、会生病的普通社会成员。我也曾经做过管理工作,担任过班主任、教研组组长、年级组组长,多年任教初三、高三课程,还教过体育、政治、劳技等课程。应该说,很清楚教师职业生活的真实状况。与同事们一样,其间一直处于一种超负荷状态。当然,我们也常常可以从各级行政文件和学生父母的言谈举止中体会到自己是被赋予重大责任的人,包括社会的以及家庭的。在与学生的交往过程中也确实可以体验到为人师表和追寻教育理想的幸福与欢乐。但是,大家都有一种共同的感受,那就是:累! 因为,真正属于自己的时间实在太少了。有时,甚至连看病的时间都没有。我的一位朋友,就是因为赶着上下一节课,在课间 10 分钟的时候,没有来得及注射前药物皮试,因过敏中毒而倒在了讲台上,留下了可怜无助的孤儿寡母。

　　人们一直喜欢用"春蚕""蜡烛"来比喻教师。"春蚕到死丝方尽,蜡炬成灰泪始干。"教师一直就是"奉献"的化身。教师被人们誉为"辛勤的园丁""人类灵魂的工程师"。从"天、地、君、亲、师",到"教师是太阳下最光辉的职业",应该说,没有哪位教师不知道或者说没听说过这样的赞誉。或许,由这些溢美之词所编织的光环,正是教师具有崇高精神追求,进而安分守己、默默耕耘的一种动力。但是,这里所谓的蜡烛(春蚕)精神恰恰忽略了教师的专业发展和生存境遇,往往将教师的精神与身体透支殆尽。内行的人都知道,很多的时候,学校的升学率以及各种名声往往是以牺牲教师的生命价值为代价的。客观地说,在这样一个物欲横流、金钱交易日盛,全社会都在追求实惠的年代,"辛苦""单调""清贫""平凡""卑微""奉献",可谓是描述教师生存境遇的几个比较到位的关键词。

长期以来,人们普遍感兴趣,或者说谈论最多的是教师职业的外在工具价值,而另外一个教育原理,一直很少有人高度关注,那就是:没有教师的发展,就没有学生的发展。当前的各级各类教育改革,在思想层面上,尤其是在一些学术话语中,重学生之"学"而轻教师之"教",强调学生的立场和权利,而忽视教师的立场和权利,需要特别警惕。仔细想来,在教育过程中,如果教师的幸福和发展无从谈起,要实现学生的幸福和发展往往只能是一厢情愿的事情。其实,教师的发展比学生的发展更为重要。试想,没有教师的快乐,哪来学生的快乐?没有教师潜力的开发,又哪来学生潜力的开发?没有教师生存境遇的改善,又哪来教育质量的提升?没有教师的精神自由,又哪来学生心灵的解放?所以,让教师赢得自己的权利,让教师享有真正意义上的幸福、满足和成就感,让教师这个职业拥有尊严,实际上是关系到整个教育发展的根本动力问题。

蔡元培认为,任何职业的从业人员,其职业态度都可以分为四种:自然境界、功利境界、道德境界和天地境界。以此为参照,一个优秀的教师,或者说,一个达到了职业至高境界的教师,就应该是一个充满爱心,追求卓越,胸怀理想,关注人类命运,具有强烈社会责任感的教师。

教育所面向的是人,教育是一项必须以良心或者说整个心灵来拥抱的事业。其实,仅将职业当作谋生、养家糊口的一种手段,牢骚满腹、怨天尤人,或者说处于自然境界和功利境界的教师是很少的。诚如《祝你平安》这首歌曲所称颂的一样,在教师这个群体中,没有几个人会患得患失。他们的付出那么多,而真正所得总是很少。可以说,绝大多数的教师都达到或超越了一种道德境界。他们安贫乐道、重成就轻金钱、甘守寂寞、敬业爱岗,总是能够寻找到教书育人的快乐。

在我的视野里,不少教师都具有高度的事业心与强烈的使命感,他们确实拥有坚定的职业信念,以自己的职业为荣,任劳任怨,无怨无悔。不难发现,对绝大多数教师而言,工作着是美丽的,忙碌着是幸福的,生存境遇的艰难与卑微,并没有影响他们精神追求的崇高与执着。做一个平凡而不平庸的教师!这是我给自己确立的职业标准。

附录1 拓展生命的长宽高[1]

生命最终是否幸福完整,是由生命的三重属性共同决定的。自然生命之长强调延续存在的时间,社会生命之宽重在丰富当下的经验,精神生命之高则追求历久弥新的品质。长宽高三者的立体构筑,构成了生命这一"容器"的容量。

何谓生命

每一个生命都是奇迹般的存在。

生命是大自然最为神奇的创造。每一个生命都是奇迹般的存在。

但是,什么是生命?

这是一个关乎人类的根本性问题。和德尔菲神庙门楣上刻的那句"认识你自己"一样,"什么是生命"的问题,直指人类对自身的认知与理解。人类对自身的探究从未停止,对生命的洞悉也从未完整,这个问题一直没有固定答案,对"生命"也一直没有出现过公认的标准定义。

就生命的内涵而言,随着学科的分化,涉及生命的各门学科都试图从各自的角度来界定生命,形成了对生命的不同认识和理解。

生物学意义上的生命,是指由高分子的核酸蛋白体和其他物质所组

---

[1] 朱永新:《拓展生命的长宽高》,《基础教育论坛》2015年第29期。

成的生物体。

社会学意义上的生命，是指自然属性与社会属性的高度统一体，社会性是人的生命区别于其他物种生命的本质属性。

哲学意义上的生命，则是指自然界的一种客观存在，是自然界矛盾运动的产物；同时，生命也是一种主观存在，是认知现实世界的主体。

从心理学、经济学、文学、宗教等其他角度，人们对生命还有着更多定义。所有这些定义，显然是从不同角度界定生命，也是从不同侧面丰富完善着人类对生命的认识。

从教育学的角度看，生命是能够自觉自我成长的有机体，教育就是积极促成个体生命自觉的自我成长的活动，使人的生命不断丰富、提升，不断趋于完善的活动。教育是生命的事业，教育学就是帮助生命成长的学问。

新教育的生命观

生命因独特而弥足珍贵。生命因自主而积极发展。生命因超越而幸福完整。

新教育认为，人的生命具有如下三个重要特点：

第一，生命因独特而弥足珍贵。"世界上没有两片完全相同的树叶"，更没有两个完全相同的生命。不同的遗传基因、不同的社会经验、不同的心灵感悟，决定了也造就了世界上没有两个完全相同的人。世界犹如花园，美在百花齐放；生命犹如鲜花，美在各美其美。

生命的独特性造就了世界的多样性和丰富性，意味着每个生命的理想归宿便是成长为最好的自己，我们每个人也只能成长为最好的你、我、他，而无法互相取代。生命的独特性也决定了每一个生命都是不可替代的存在，任何一个生命的消亡都是无法弥补的遗憾。帮一个生命成长一点，就是将世界完善一点；让一个生命延长一点，就是把世界扩展一点。

附录1 拓展生命的长宽高

这也正是教育的价值和意义之所在。

每个生命只有一次,都是独一无二、无法复制的。同时每个生命的成长也是不可逆的,无法重来的,与时间一样具有矢向一维性,这就使生命显得格外珍贵。因此,最好的教育应该是珍惜和尊重所有生命的教育,让人们认识生命、理解生命、珍惜生命、呵护生命、热爱生命和成就生命,让每个生命活出自己,活得有尊严,活得完整,活得幸福。

第二,生命因自主而积极发展。在苍茫世界、浩瀚宇宙之中,每一个生命都显得那么脆弱、微小,存在的时间是那么短暂。所有生命都是深受局限的存在。人的生命同样如此。生命的存在,受制于空间和时间,既被周围的环境深刻影响,又被不可逆的时间牢牢束缚。

但是,和其他生命不同,人的生命具有强烈的自主性。人的生命发展既受限于外因的影响,同时取决于内因的自我抉择,体现出特有的自觉、自为和创造的特点。人在成长的过程中,不断突破自我,从而让生命成为一个动态生成的系统。在这个不断生成的动态的过程中,不断生成新的生命。《易经》的"生生"思想说的就是生命的这种生成性。法国哲学家柏格森也指出:"对有意识的存在者来说,存在就是变易;变易就是成熟;成熟就是无限的自我创造。"生命的发展有正向与反向两种可能,有自觉与盲目两种方式。生命的发展性决定了最好的教育应该能够帮助师生朝着正向前行,向着自觉发展,"苟日新,日日新,又日新"。在这个意义上,教育为生命发展提供了无限的可能性。因此我们说,每个人都是自己生命的主人,是自己生命的创造者和塑造者。生命的自主性,决定新生命教育应该帮助每个人学会自我教育,让每个生命成长为自我教育的主人,自主成长,让每个生命在有限的历程中,成为最好的自己。

第三,生命因超越而幸福完整。幸福,是人类永恒的追寻。过一种幸福完整的教育生活,是新教育人追寻的梦想。人只有活出生命的精彩,实现生命的价值,才能感受到幸福。人只有发挥生命的潜能,张扬生命的个性，才能谈得上完整。

当人意识到自我的生命是一种有限性的存在时，人并不安于成为有限存在的奴隶。在美国当代哲学家尼布尔来看，生命的超越性表现在"对自我的改善和对生命有限性的突破"。人能够意识到自身的潜能和使命，从而自觉地赋予自己有限的生命以充实的内涵，突破现实世界的种种束缚与困境，谋求自我生命价值的创造与提升，追寻更高的价值和意义。这就是一个人在努力超越生命的有限存在。

这个不断自我超越的过程中，人创造并享受着当下存在的幸福、不断突破的幸福，通过这两种不同的幸福，感受到人之为人的矛盾统一的整体存在。这种生命的完整性，一方面体现在过程中的每一个阶段、每一个当下，一方面体现在生命完结处的个体成熟、自我成就、自我实现。

正因意识到生存的局限，才产生了超越的可能。正因不断的自我超越，人的生命才实现了幸福完整。生命的超越性告诉我们，教育必须通过生命的主体发生作用，重视个体主观能动性的发挥。生命的超越性决定了新生命教育应该让师生与人类的崇高精神对话，帮助师生不断超越当下的自我，不断挑战生命的可能，让有限的生命实现最大的价值，让自己充分体味人生的幸福完整。

新教育的使命

拓展生命的长宽高。集自然生命之长、社会生命之宽、精神生命之高，才能够形成一个立体的人。

纵观生命的成长历程，我们不难发现这样一个基本的逻辑：肉身的诞生，是生命的自然事实；交往关系的存在，则是生命的社会事实。自我意识的觉醒，是生命的精神事实；这三个事实，构成了我们理解生命的三个基本向度。所以，新教育把生命理解为具有三重意义上的生命：自然生命、社会生命和精神生命。

附录1　拓展生命的长宽高

自然生命是指个体的物质存在,如身体、组织、器官等身心系统。社会生命是指个体与人、自然、社会形成的交互关系。精神生命是指个体的情感、观点、思想、信仰等价值体系。人的三重生命之间互相联系、互相制约、辩证统一。

自然生命是社会生命、精神生命得以存在的前提。离开自然生命,社会生命、精神生命就不可能存在。自然生命的长度,有效地保障并促进着社会生命、精神生命的继续发展。

社会生命也制约着自然生命的丰富和精神生命的提升。每一个自然生命都会被时空所局限,此时社会生命的宽度,影响着人们对自然生命的认知和把握,并从很大程度上决定了精神生命的境界。

精神生命则能最大限度地突破自然生命、社会生命的局限,绽放人这一特殊生命体的存在价值。精神生命的高度,是对自然生命、社会生命的最终升华与定格。

在这三重属性之中,社会生命和精神生命是人的本质属性,离开社会生命和精神生命,人的自然生命就退化为简单的动物属性,不可称其为人。所以,只有集自然生命之长、社会生命之宽、精神生命之高,才能够形成一个立体的人。这样的生命体,也才是我们认为的完整的人。

新教育认为,人的成长,或者说教育的意义,就像筑造一座金字塔般,以自然生命之长、社会生命之宽为底座,底座越牢固越庞大,精神生命之高则越可能坚不可摧,直至高耸云霄。

也就是说,生命最终是否幸福完整,是由生命的三重属性共同决定的。自然生命之长强调延续存在的时间,社会生命之宽重在丰富当下的经验,精神生命之高则追求历久弥新的品质。长宽高三者的立体构筑,构成了生命这一"容器"的容量。一个平常的肉身究竟能够走多远？一个普通的灵魂究竟能够创造怎样的传奇？要以生命的长度、宽度、高度三个维度观照,进行追寻。

从一个理想的生命状态来说,全面地拓展生命的长度、宽度和高度是最完美的生命结构,但由于生命的偶然性和不确定性,生命的长度有时是不可控制的。有些生命虽然很短暂,但是由于其生命拥有足够的宽度和高度,他们的生命容量依然很庞大,生命的品质依然很高洁,足以形成一座伟大的丰碑。

我们以此反观今日愈演愈烈的应试教育,就不难发现:如今越来越早就开始的严密应试训练,不仅轻视了生命的长度,而且极大缩减了生命所能达到的应有宽度,弱化了生命所能达到的应有高度。所以,新教育提出的"新生命教育"的意义,就在于把生命作为教育的原点,主张通过教育,让每一个生命积极拓展自身的长宽高,也让人类不断地走向崇高。

附录2 我们需要怎样的教育①

　　我不知道有多少人问过自己受教育的意义是什么？我们为什么要上学？为什么要学习各种科目？为什么参加考试，要和同学比得分高低？所谓的教育究竟含有什么意义？它涵盖了什么？这实在是一个非常重要的问题。我们不只是为学生质疑这个问题，同时也跟父母、老师以及所有热爱地球的人们，共同来探究这个问题。

　　我们为什么要通过竞争来受教育？难道受教育只是为了通过几项考试，得到一份工作？还是为我们在年轻时奠定基础，以便了解人生的整个过程？获得一份工作来维持生计是必要的，然而这就是一切了吗？难道我们受教育就是为了这个目的？显然，生命并不只是一份工作和职业而已，生命是极为广阔而深奥的，它是一个伟大的谜，在这个浩瀚的领域中，我们更有幸生为人类。如果我们活着只是为了谋生，我们就失去了整个生命的重点。去了解生命本身，比只是准备考试、精通数学、物理或其他科目要重要多了。

　　所以，不论我们是老师还是学生，我们是否应该扪心自问为何教育他人或受教？生命到底是什么？难道生命不奇妙吗？飞鸟、花朵、翠木、蓝

---

① 〔印度〕克里希那穆提：《人生中不可不想的事》，叶文可译，群言出版社2004年版，第3—6页。

天、星辰、河流、游鱼……这一切都是生命。生命是贫穷的、富足的；生命是群体、种族、国家之间永不停歇的战役；生命是静思冥想；生命是所谓的宗教；同时它也是心灵中微妙的、隐藏的东西，包括嫉妒、野心、激情、恐惧、成就及忧虑，等等。这所有的一切以及更多的事物都是生命，然而我们通常只准备了解生命的一个小角落。

我们通过一些考试，找到一份工作，结婚，生子，然后就越活越像一部机器。我们依然对生命恐惧、焦虑，因此帮助我们了解人生的整个过程，难道不是教育的目的？还是，教育只为我们谋职或找到一份更好的工作而奠基？

我们长大成人以后会怎么样？你是否问过自己长大以后想做什么？最大的可能是你会结婚，在你还没有搞清楚自己的定位时，可能你已经是父亲或母亲了，然后你会被一份工作绑住，或是被厨房绑住，你就在其中渐渐衰萎。这难道就是你所有的生命了吗？你有没有问过自己？你应不应该问自己？如果你有一个富裕的家庭，那么你已经确定自己将来会有一份不错的工作，因为你的父亲也许会提供你一份舒适的工作，或者你可能在婚姻中获得很多财富，但是你仍然会腐败、枯竭。你看见这点了吗？

显然，除非教育能帮助你了解广大生命的所有精微面——它惊人的美、它的哀愁及欢乐，否则教育是没有什么意义的。你也许会得到学位，得到一连串的头衔，得到非常好的工作，然后呢？如果在这些活动的过程中，你的头脑变得迟钝、衰竭、愚蠢，那么生命的目的又是什么？所以当你年轻时，你是不是应该弄清楚生命究竟是怎么一回事？

教育的真正意义，难道不是培养你的智慧，借着它找出所有问题的答案？你知道智慧是什么吗？它是一种无限的包容力，允许你自由地思想；没有恐惧、没有公式，然后你才能发现什么是真实的、正确的事物。

但是如果你有恐惧，你永远也不可能有智慧。任何形式的野心，不论是精神的或是物质的，都导致焦虑及恐惧。野心不能带来清明、简单而直接的心智,所以是不可能有智慧的。

当你年轻时,生活在一个没有恐惧的环境里是非常重要的。大部分的人在年纪渐长时,都变得有所恐惧。我们对生活感到恐惧,怕失去工作,怕传统,怕邻居,怕丈夫或妻子的批评,怕死亡。大半的人都有不同形式的恐惧;一旦有了恐惧,便失去了智慧。我们是否可能在年轻时,便生活在无惧的气氛中,不只去做我们喜爱的事,更能了解生命的整个过程?

生命真是美极了,它不是我们制造出的这些丑恶。唯独当你对所有的事物进行革新之后,你才能欣赏到它的丰富、深度及可爱。革新组织化的宗教、传统和现今败坏的社会,然后以人本的立场来探究什么是真理(不是去模仿而是去探究),这才是教育。

服从社会、父母及老师的教导是很容易的,那是安全又容易的生存之道,不过那并不是生活,因为在其中存有恐惧、腐败及死亡。活着就是去探索什么是真相,只有在自由中才能做得到,或是当你的内心拥有永不停歇的革新时。

但是你从没有被鼓励去做这件事,没有人告诉你要发问,去探索上帝究竟是什么,如果你开始反叛,你将和所有的错误对立。你的父母及社会要你过得安全,你自己也想过得安全。安全的生活通常代表的是模仿,所以是活在恐惧中。显然,教育的意义应该是帮助我们获得自由和无惧,不是吗?创造出没有恐惧的气氛,需要你和你的老师共同进行许多的思考。你知道这是什么意思吗?创造没有恐惧的气氛是一件多么伟大的事!我们必须创造它,因为这个世界已经陷在无止境的战争中,它已经被追求权力的政客误导,它充斥着律师、警察、军人以及互相抢夺地位的野心男女。还有一些所谓的圣人、宗教的教主以及他们的追随者,他们也想在今生或来世得到权力、地位。

这是一个疯狂的、完全混乱的世界,每个人都在和别人作对,极力想达到一个安全的位置,一个有权势或享福的位置。这个世界被冲突的信念、阶级意识、不同的国家主义、各种形式的愚蠢及残酷所分割,而这就是你要学着去适应的世界。你被鼓励去适应这个悲惨的社会,你的父母要你这么做,你自己也想这么做。

然而,教育的意义只是帮助你顺应这个败坏的社会制度吗?还是要给你自由,一种全然的自由,来让你成长并创造一个不同的社会,一个新世界?我们必须拥有这份自由,不是在未来,而是在现在,否则我们将被彻底消灭。我们必须立刻创造出自由的气氛,你可以在其中生活并且探索什么是真相,然后你会变得有智慧、有能力面对及了解这个世界,而不只是顺服它。因为在你的心底深处,你是不断在革新的,也只有那些不断革新的人,才会发现什么是真理,那些服从与跟随传统的人是无法做到这一点的。

只有不停探索、不停观察、不停学习,你才会发现真理、上帝或爱。如果你的心中有恐惧,你就不能探索、观察、学习,不能深入地察觉。所以,教育的意义很显然就是消除外在及内在破坏人类思想、关系及爱的那份恐惧。

后　记

何谓生命？何谓教育？何谓生命教育？在每个教师或长或短的职业生涯中，都会自觉或不自觉地对这几个问题进行广义或狭义层面的思考与追问。

我于1988年6月师专毕业后，开始在中学任教，一直到2000年9月，历经12个春秋。2003年6月，我研究生毕业留校，至今在福建师范大学工作，转眼已20余载。本书是我对于生命、教育和生命教育进行思考与追问的文字记录。

对于大多数教师而言，广义的生命教育往往是一种不自觉的教育行为，其内容、方法和目标多样且灵活，而狭义的生命教育往往是一种自觉的教育行为，其内容、方法和目标往往比较具体明确。由此来看，从中学教师到大学教师，我30多年的职业生涯便由广义生命教育和狭义生命教育两个部分组成。

直面现行教育体制，对于中学教师而言，尽管课堂教学是第一要务，但中考、高考成绩往往成为各种评价的第一尺度。与中学教师不同，大学教师必须教学、科研一起抓，必须两手都要硬，必须两条腿走路。这是不争的事实。但还有另一个事实需要特别关注，那就是：不管是中学的中考、高考，还是大学的科研、教学，它们对于教师个人的生命意义、生命价值是什么，答案往往并不明确。

我个人对于教师职业生命意义、生命价值的自觉探寻，缘起于2005年《福建教育》（中学版）约稿。当时，我与几位编辑深入交谈之后，以《卑微的生存境遇与崇高的精神追求——教师职业生活意义的个性化解读》为题，对自己从教过程中的喜怒哀乐进行了回顾与反思。也正是从撰写那篇教育随笔开始，我经常会对教师职业的内涵与特点以及广义生命教育与狭义生命教育的辩证关系进行思考、追问和记录。

正如本书前言所说，我对于生命教育的专题研究始于2003年，面向师范生开设生命教育课始于2012年，这里有必要补充的是，自2006年独立指导研究生以来，我对于生命教育的理论和实践研究一直在进行。仅就我指导完成的硕士论文来看，至少有9篇，它们分别是《论生命化英语课堂教学》（2009）、《学校教育与人的幸福生活》（2009）、《教育与人的尊严》（2010）、《论自我认识、自我教育与自我发展》（2015）、《教什么　怎么教——面向师范生的生命教育探析》（2019）、《福建省普通高中生命教育课程管理研究》（2020）、《基于人体知识的中小学生命教育研究》（2021）、《基于死亡知识的中小学生命教育研究》（2021）、《少先队活动视角下死亡教育电影课程研究》（2023）。目前，这些论文均可在中国知网查阅，它们对于如何理解广义生命教育以及如何开展狭义生命教育具有一定的参考价值，特此推荐。

在本书即将付梓之际，首先要感谢叶子老师的高度信任、精心策划和修改建议，没有她的支持与帮助，这本书不可能这么顺利出版；其次要感谢福建师范大学的邱心玫博士、华中师范大学的孔艺博士、福建省委党校的张荣伟教授、福州高新区第三中心小学的金景辉校长，以及我的学生于晨芳、周晓芸、靳晓彤、黄锦林、万梦瑶，他们在"生命教育"课程建设的过程中，都付出了一定的时间和精力，发挥了独特的个人优势；最后要感谢女儿张旭亚博士，她在国家级一流课程申报和书稿审校的过程中不辞辛苦，提供了许多特别重要的帮助。

后　记

　　限于时间和个人能力，书中可能还存在一些不足或谬误之处，敬请读者朋友批评指正。

2025 年 1 月 7 日于福州怡景书斋

图书在版编目（CIP）数据

唤醒与成全：广义生命教育论 / 张荣伟著.
上海：上海社会科学院出版社，2025. -- ISBN 978-7-5520-4770-7
Ⅰ. B083
中国国家版本馆 CIP 数据核字第 20254NG716 号

唤醒与成全：广义生命教育论

著　　者：张荣伟
责任编辑：叶　子
封面设计：黄婧昉
出版发行：上海社会科学院出版社
　　　　　上海顺昌路 622 号　邮编 200025
　　　　　电话总机 021-63315947　销售热线 021-53063735
　　　　　https://cbs.sass.org.cn　E-mail：sassp@sassp.cn
照　　排：南京前锦排版服务有限公司
印　　刷：上海景条印刷有限公司
开　　本：710 毫米×1000 毫米　1/16
印　　张：12.25
字　　数：179 千
版　　次：2025 年 6 月第 1 版　2025 年 6 月第 1 次印刷

ISBN 978-7-5520-4770-7/B·354　　　　定价：68.00 元

版权所有　翻印必究